關於王育德(Ong Iok-tek)博士

一九二四年出生於台南王氏世家，幼年及少年時期曾在家塾學習漢文。一九三〇年四月進入台南市末廣公學校就讀，一九三六年考入台南州立台南一中，一九四〇年考入台北高校，一九四三年考進東京帝國大學支那哲文學科，一九四四年因避空襲返台，任嘉義市役所庶務課職員。一九四五年終戰後，任台南一中教員，兼事台灣新戲劇運動。一九四七年二二八事件，其兄王育霖遇害。一九四九年，他的同志紛紛被捕，他深感危機四伏，乃經香港輾轉逃亡日本。一九五〇年復學進入東京大學中國語文學科，一九五三年考上東京大學研究所，一九五五年獲碩士學位，並考取博士班，一九五八年起任明治大學兼任講師，一九六〇年創設「台灣青年社」，發行《台灣青年》雜誌，積極展開台灣獨立運動。一九六七年獲聘明治大學專任講師。一九六九年獲東京大學文學博士學位，升任明治大學副教授。此後除專任明治大學教職外，也曾在琦玉大學、東京大學、東京教育大學（今筑波大學）、東京都立大學、東京外國語大學等校兼課，專事語言教學。一九七五年出任「台灣人元日本兵補償問題思考會」事務局長。一九八五年九月九日因心肌梗塞去世。

王育德博士本身多才多藝，他不僅是享譽國際的台語語言學家，也是台灣獨立運動的先驅和精神領袖，透過他苦心經營的《台灣青年》雜誌和無數的事論，他終生不懈努力建構台灣獨立建國的理論基礎，是大名鼎鼎的台灣獨立運動教父。

他對台灣的疼惜，一生一世，堅定無悔，他對台灣獨立建國的用功，鞠躬盡瘁，死而後已。他是台灣人永遠感念的台語研究巨擘，也是台獨運動思想的啟蒙之師。

王育德全集 1

台灣

苦悶的歷史

黃國彥譯

▲作者在書齋中。

▲作者王育德博士。

▲作者夫婦。

◀家族合影。母親(中坐者)、大姊錦香(右後一)、二姊錦碧(穿學生服者)、兄王育霖(右一)、作者(左一)5～6歲。

▲家庭聚餐。女婿(中)、女兒明理(左一)、王夫人(右一),攝於 1982年。

▲作者(中)圍棋五段與學友們下圍棋，左起山井湧、石川忠久、田森襄先生。

◀作者攝於北海道旅次途中。

▲作者(右)與恩師東京大學文學部言語學教授服部四郎博士於日本言語學會。

▲1984 年 1 月 29 日，作者六十大壽祝賀酒會中，台獨聯盟成員合唱「台灣」。左起
金美齡、黃昭堂、周英明、宗像隆幸、侯榮邦、戴天昭、許世楷、林啟旭。

▶ 1985年台灣人元日本兵士補償請求運動第２審判決後於首相官邸前。左起宮崎繁樹代表、秋本辯護團長、原告鄧盛夫人（鄧蘭英）、蘇鈴木、洪坤圳、洪火灶、韋玉娥、作者（事務局長）、有馬元治代議士。

▲1975年台灣人元日本兵士補償請求運動第一次在新宿（東京）的街頭署名運動。

▲《台灣青年》創刊二十周年(1980 年)。

▲1985 年作者出席世界台灣同鄉會聯合會。

台湾独立運動

今日，九百五十万の台湾人が，国府の支配と中共の「解放」を排除して，自主独立したい意欲をもっていることは，ほとんど疑う余地がない。もっともこの判断に対し，国府はそれはウソだ，台湾人は国府を擁護していると反駁するに違いないし，中共は中共で，いや，台湾人は「解放」を歓迎しているのだと主張するであろう。論より証拠，自由にして公正な住民投票で黒白をつけたらいいと思う。

議論の余地もなく，大多数の台湾人は，国府の恐怖政治の下につながれて，自由意志を公然表明する手段をもたないばかりか，逆に心にもない「蒋總統万才！」「大陸反攻支持！」を叫ばされている。言論の自由がないばかりでなく，沈黙の自由さえないのである。そこで物事を皮相にしか見ない人は，国府イコール台湾人と単純に信じこみ，台湾には「一つの中国」か「二つの中国」か，問題とこそなれ，そこから独立という別の次元の問題は出てきっこないと考える。

▲作者手稿。

總序

日本昭和大學名譽教授
台灣獨立建國聯盟主席　黃昭堂

轉瞬間，王育德博士逝世已經十四年了。現在看到他的著作全集陸續出版，不禁喜悅與興奮。

出身台南世家的王博士，一生奉獻台灣獨立建國運動。台灣獨立建國聯盟的前身「台灣青年社」於一九六〇年誕生，他是該社的創始者，也是靈魂人物。在蔣家外來政權白色恐怖威脅下，整個台灣社會陰霾籠罩，學界噤若寒蟬，台灣人淪爲二等國民，毫無尊嚴可言。王博士認爲台灣人唯有建立屬於台灣人自己的國家，台灣人才能出頭天，於是他堅決踏入獨立建國的坎坷之路。

台灣青年社的誕生，爲當時的台灣人社會敲響了希望之鐘。這個以定期發行《台灣青年》雜誌來啓蒙台灣人靈魂、思想的行動團體，說起來容易，但實踐起來卻是非常艱難的一樁事。

當時王博士雖任明治大學商學系的講師，但因爲是兼職，薪水寥寥無幾。他的正式「職業」是東京大學大學院博士班學生。他所帶領的「台灣青年社」只有五、六位年輕的台灣留學生而已，所以幾乎全部重擔都落在他一人身上。舉凡募款、寫文章、修改投稿者的日文原稿、印刷校正、郵寄等等雜務，他無不親身參與。

《台灣青年》在日本首都東京誕生，最初的支持者是東京一帶的台僑，後來漸漸擴張到神戶、大阪等地，很快地又獲得日益增加的在美台灣留學生的支持。後來台灣青年社經過台灣青年會、台灣青年獨立聯盟，於一九七〇年與世界各地的獨立運動團體團結合作，成立台灣獨立聯盟以至於台灣獨立建國聯盟。王博士不愧爲一位先覺者與啓蒙者，在獨立運動的里程碑上享有不朽的地位。

在教育方面，他後來擔任明治大學專任講師、副教授、教授。在那個時代裡，日本各大學尙躊躇於採用外國人教授，他算是開了先鋒。他又在國立東京大學、埼玉大學、東京外國語大學、東京教育大學、東京都立大學任教，講授中國語、中國研究等課程。尤其令他興奮不已的是台灣話課程。他晚年雖罹患心臟病，猶孜孜不倦，不願放棄這項志業。台灣話課程是經由他的努力催生，在東京都立大學與東京外國語大學率先設立的。前後達二十七年的教育活動，使他在日本眞是桃李滿天下。

他對台灣人的疼心，表現在前台籍日本軍人、軍屬的補償問題上。這群人在日本治台期間，或自願，或被迫從軍，在第二次大戰結束後，台灣落到與日本作戰的蔣介石手中，他們不敢奢望得到日本政府的補償，連在台灣的生活也十分尷尬與困苦。一九七五年他號召日本有志人士組織了「台灣人元日本兵補償問題思考會」，任事務局長，舉辦室內集會、街頭活動，向日本政府陳情，甚至將日本政府告到法院，由東京地方法院、高等法院到最高法院，歷經十年，最後不支倒下，但是他奮不顧身的努力，打動了日本政界，於一九八六年，日本國會超黨派全體一致決議支付每位戰死者及重傷者各二百萬日圓的弔慰金。這個金額與日本籍軍人得到的補償金額比起來，顯然微小，但畢竟使日本政府編列了六千億日幣的特別預算。這個運動的過程，以後經由日本人有志編成一本很厚的資料集。這次【王育德全集】沒把它列入，因爲這不是他個人的著作，但是厚達近千頁的這本資料集，大都出自他的手筆，並且是經他付印的。

王育德博士的著作包含政論、文學評論、小說、隨筆、劇本、書評，涵蓋面很廣，而他的《閩音系研究》堪稱是此中研究界的巔峰。王博士逝世後，他的恩師、學友、親友想把他的這篇博士論文付印，結果發現符號太多，人又去世了，沒有適當的人能夠校正，結果乾脆依照原文複印。這次要出版他的全集，我們還是沒有辦法排印，不得不原封不動加以複印。關於這篇論文，有令我至今疼心不已的事，即在一九八〇年左右，他要我讓他有充足的時間改寫他的《閩音系研究》，我回答說：「獨立運動更重要，修改論文的事，利用空閒時間就可以了！」我真的太無知了，這篇論文對台灣人太重要了，怎麼可以用「空閒」時間去修改呢？其實他那有「空閒」！他是我在台南一中時的老師，以後在獨立運動上，我擔任台灣獨立聯盟日本本部委員長（主席），他雖然身為我的老師，卻得屈身向他的弟子請示，這種場合，與其說我是不自量力，倒不如說他具有很多人所欠缺的被領導的雅量與美德。我之所以會對王育德博士終身尊敬，這也是原因之一。

我深深感謝前衛出版社林文欽社長，長期來不忘促使【王育德全集】的出版，由於他的熱心，始得使本全集得以問世。我也要感謝黃國彥教授擔任【王育德全集】編輯召集人，及《台灣—苦悶的歷史》、《台灣話講座》以及台灣語學專著的主譯，才能夠使王博士的作品展現在不懂日文的同胞之前，使他們有機會接觸王育德的思想。我還要感謝邱振瑞先生編輯這部全集。最後我由衷讚嘆王育德先生的夫人林雪梅女士，她在王博士生前做他的得力助理、評論者，在王博士逝世後，她又變成他著作的整理者，【王育德全集】的促成，她的功勞是不可埋沒的。

一九九九年一月二十七日

王育德夫人序

育德在一九四九年離開台灣，直到一九八五年去世爲止，不曾再踏過台灣這片土地。我們在一九四七年一月結婚，不久就爆發二二八事件，育德的哥哥育霖被捕，慘遭殺害。

一九四九年，和育德一起從事戲劇運動的黃昆彬先生被捕，令我們兩人感覺到危機已經逼近身邊。在不知如何是好、一籌莫展的情況下，等到育德任教的台南一中放暑假，他才表示要赴香港一遊，避人耳目地啓程前往，然後又從香港潛往日本。

一九四九年的這個時期，美國正試圖放棄對從中國大陸一路敗退的蔣介石政權的援助。育德本身也認爲，近期之內或許就能返台。

但就在一九五〇年，韓戰爆發，美國決定繼續援助蔣介石政權，使得蔣介石政權得以在台灣苟延殘喘。

因此育德寫信給我，要我收拾行囊赴日。一九五〇年年底，我帶着才兩歲的大女兒前往日本團圓。

我是合法入境的，居留不成問題，育德則因爲是偷渡，無法設籍，一直使用著假名，夫婦名不正，給我們帶來極大的困擾。

一九五三年，由於二女兒即將於翌年出生，屆時必須報戶籍，育德乃下定決心向日本警方自首，幸好在他的老師的保薦下取得了特別居留許可，終於能夠光明正大在日本停留了，我們歡欣雀躍之餘，在目黑買了一棟小房子。

當時年方三十的育德是東京大學研究所碩士班的學生。從大學部的畢業論文到後來的博士論文，他始終埋首鑽研台灣話。

一九五七年，育德爲了《台灣話常用語彙》一書的出版費用，將位於目黑的房子出售了。育德創立「台灣青年社」，正式展開台灣獨立運動，則是在三年後的一九六〇年，以一間租來的房子爲據點。

在育德的身上，「台灣話的研究」和「台灣獨立運動」是自然而然融合爲一的。

育德去世時，從以前就一直支持援助台灣獨立運動的遠山景久先生曾經在悼辭中表示：「即使在你生前，台灣未能獨立建國，但只要台灣人繼續說台灣話，將台灣話傳給你們的子子孫孫，總有一天，台灣必將獨立。民族的原點既非人種亦非國籍，而是語言和文字。這種認同，最具體的證據就是『獨立』。你是第一個將民族最主要的根本，也就是台灣話的辭典編纂出版的台灣人。……在台灣史上留下光輝燦爛的金字塔。」

當時遠山景久先生的這席話讓我深深感動。由此也可以了解，身爲學者兼台灣獨立運動鬥士的育德的生命情操。

育德去世至今，已經過了十四個年頭，我現在之所以能安享餘年，是因爲育德一生深愛台灣，以及他爲台灣所做的貢獻讓我引以爲榮的緣故。

一九九四年，東京外國語大學亞非語言文化研究所在所內圖書館設立「王育德文庫」，他生前的藏書全部保管於此。如能有更多的人士閱讀育德的藏書和著作，當做他們研究的基礎，並體認育德深愛台灣和台灣人的心情，將三生有幸。

這次前衛出版社社長林文欽先生向我建議出版【王育德全集】，說實話，我覺得非常惶恐。《台灣—苦悶的歷史》一書自然另當別論，但若要出版學術方面的專著，所費不貲，一般讀者大概也興趣缺缺，非常不合算而且工程浩大。

我對林文欽先生的爲人非常敬佩。雖然一方面實在擔憂會不會拖累他，可是另一方面又衷心企盼，在我的有生之年，如果能夠讓【王育德全集】以比較正確、完整的面貌在他心愛的故鄉台灣出版，則育德地下有知，也將是極其快意的事。現任教東吳大學的黃國彥教授當年曾翻譯《台灣—苦悶的歷史》，此次出任編輯委員會召集人，勞苦功高。同時，就讀京都大學的李明峻先生數度來訪東京敝宅，蒐集、影印散佚的文稿資料，其認眞負責的態度，令人對其擔任執行主編一職甚感安心。遂決定委託他全權處理。

在編印的過程中，將會給林文欽先生和實際負責編輯工作的邱振瑞先生以及編輯部多位工作人員造成不少負荷，偏勞之處，在此謹先表示謝意。

一九九九年二月十六日

王雪梅 謹識於東京

譯序

這次能夠翻譯王育德博士的名著，可以說很有緣分。聽說很早以前就有旅美旅歐的台灣鄉親想翻譯本書，王博士也一口應允，結果都未能實現。

本書濃縮了許多一般台灣人都不知道的史實，內容賅詳，見解精闢，獨樹一幟。日文原文格調高雅，文思緻密，連日本人也自嘆弗如，除非王博士本人隨時在旁指點迷津，解決大小疑難，翻譯成中文實非易事。

翻譯的過程中，譯者從本書得到不少寶貴的知識和經驗，尤其深受王博士對台灣的摯愛和所付出的無數犧牲感動不已。王博士的生活和研究，從出發點和終極目標，無一不跟追求台灣人的幸福息息相關。他的學識和貢獻，在日台僑和日本識者無人不曉，堪稱爲台灣的巨人。

王博士爲人豪爽，平易可親，善解幽默，而且非常慷慨，熱情洋溢，各位讀者從本書一定體會得到。王博士還打一手好麻將，圍棋四段。

王博士夫人(同爲台南世家出身)，非常賢慧，相夫教子，有內助之功。譯者經常受她的溫暖照顧和款待，實在是三生有幸。

一九七七年六月

※　※　※

本書的中文翻譯是譯者在一九七〇年代留日期間完成的。當時台灣尚未民主化，處於戒嚴狀態，翻譯出版這樣的一本書是絕對的禁忌。基於對王育德先生的景仰以及身爲台灣人的使命感，本人義不容辭接下翻譯的工作。一九七九年八月，中譯本在日本東京由台灣青年社正式出版，由於各種因素的考量，並未登出譯者姓名，曾引來不少讀者的質疑，給王育德先生造成困擾。這次前衛出版社在台灣重印本書，決定將譯者姓名及當時所寫的譯序刊出，讓本書回歸應有的面貌，或可稍慰王育德先生在天之靈。

一九九八年十一月　黃國彥

中文版序

本書於一九六四年在東京出版後，歷經十五個年頭。其間印了十版，賣了四萬冊左右。

弘文堂是日本有來歷的老出版商，台灣人能够基於純粹的商業性質，由這家出版社出版一本書，使當時的人們投以驚奇的眼光。開頭的兩三年，弘文堂積極登廣告宣傳，但是換了老板以後，不知道是否因爲對中國和蔣政權的顧慮增加，不再登廣告宣傳。雖然如此，銷路還是很好，使弘文堂非常滿意。

這大概是因爲本書不知不覺之間成爲研究台灣問題者不能缺少的一種工具書，而且在許許多多有關中國和台灣的書籍中被譽爲名著。

但是讀者的大部分爲日本人，這是我無法由衷感到高興的。十幾年來，很多懂日文的台灣人向我提出同樣的建議：「很希望讓年輕一代的台灣人讀這本書。爲了這個目的，必須翻譯成中文出版。」

我並不是沒有想到這一點。本書原就爲台灣同胞而寫。不管有多少外國人閱讀，對他們來說，本書不過是增加外國知識的一本好書。我眞正的心願是讓台灣人閱讀，一起來爲台灣的前途設想。

但是我中文並不精通，工作越來越忙碌，研究和教書又必須兼顧，根本騰不出翻譯的時間。

幸好去年有一個年輕朋友自告奮勇願意翻譯。他爲此花費半年的寶貴時間和精力，我也耗費兩個月的時間校閱（譯成中文時，除新換插圖外附加人名索引和事項索引），本書卽其產物。

本書在一九七〇年四月補充修訂，到前一年爲止的新動向予以補寫（卽第八章），以後卽未再加補充修訂。因此，一九七〇年以後的演變——例如尼克森訪中、蔣介石和毛澤東這兩個中國頭子死去、「中華民國」被趕出聯合國、日美和中國恢復邦交、長老敎會和無黨無派鬪士的奮鬪、最近的余登發事件等等——均未提及。

但有關這十年來的動向，報導性的著作論文爲數不少，相信各位讀者不難據此吸收知識，從歷史的潮流中加以評價。

正如日文版序文中所述，本書的特色在於頭一次站在台灣人的立場概觀台灣四百年的歷史，並非在於探討零碎的史實，更談不上包羅無遺。

僑居美、加的台灣人大概還有人記得，一九七七年夏天，世界台灣同鄉會聯合會第四屆大會在加拿大金士頓擧行，我曾以「我的台灣史觀」爲題發表演講。

由於時間限制，講演很短，意有未盡，但從他們的反應，我充分體會到台灣同胞是如何想瞭解自己的歷史，而深受感動。

現在我願意透過本書向各位細說我們祖先的點點滴滴。

一九七九年五月

日文版序

出於無法克制的心情，我寫了這本書。提筆的念頭是爲了探討：我一千萬同胞背負着什麼樣的過去？現在處於什麼樣的境地？將來應該朝哪個地方找尋活路？

今天台灣已經成爲東西冷戰最熾熱的接觸點之一，我期盼這本書能進一步幫助外國的讀者加深對台灣現況的認識，瞭解問題的來龍去脈，摸索正確的解決途徑。

每次到書店，我就深感羨慕和焦躁。書刊之多可謂汗牛充棟，包羅萬象琳琅滿目。但其中到底有幾本是寫台灣的？偶而發現一兩本，內容也不是我想要知道的。既然如此，不管有沒有才能，自己下功夫研究然後公諸於世，就成爲無法逃避的責任。

也許令人難以相信，台灣人對台灣的歷史關心的很少，進而研究的更是寥寥無幾。統治者唯恐台灣人關心自己的歷史，常施加有形或無形的壓力。禁忌並不限於歷史方面，有助於鼓舞台灣人自覺的事物完全不准思考，禁止發表。其間的空白補之以統治者事先預備好的一套思想體系。反對者不是死就是整肅。

我選擇語言學——台灣話爲專攻，甚至於必須意識到背後冷酷的眼光。研究語言當然要附帶研究歷史地理。收集資料在日本，埋頭研究在日本，寫成書出版也在日本。

國民政府統治下的現在當然不用說，就是過去任何時代，這種書籍在台灣也根本不能出版，像我這種提筆的人大概早就被砍頭。日本雖說還算安全，仍然有許多台灣統治者的爪牙潛伏在內，出版這本書仍須以生命爲賭注。即使不致於被暗殺，對充滿敵意的毀謗中傷還是要有心理準備。公正的讀者翻閱這本書就知道我並非鼓吹危險思想。

台灣屬於台灣人；只有台灣人才是台灣眞正的主人翁；合理解決台灣問題才能對世界和平有所貢獻——我所講的只是極爲單純的事實。但是這些話統治者並不中聽。統治者爲了自己的方便而歪曲歷史，利用權力與財力向全世界誇大宣傳被歪曲的歷史。因此，在不知不覺之中相信這種誇大宣傳的人們很有可能反而攻擊我所說的是歪曲歷史。

但我相信眞理只有一個，獲勝的一定是眞理。我擔心的是我的研究是否合乎科學，所建立的台灣史觀是否經得起立場公正的第三者的批判。

在涉獵的過程中，我瞭解到有關台灣的史料並不少，但都是站在當時的統治者或第三者的立場寫成的。

台灣人在日據時代以前幾乎都處於文盲的狀態，並未留下什麼可觀的文獻和記錄。因此工作一開始就必須面對困難——從有限的資料中描繪出台灣人不見面貌的面貌，辨聞出台灣人不聞呼聲的呼聲。所幸從許多師長那裏獲得懇切的指導和建議，自己也覺得總算大致正確地——雖不中不遠矣——摸索出台灣人的足跡。

本書如能成爲促使我同胞產生自覺的一個轉機，加深全世界的人們對台灣問題的認識，我將感到莫大的喜悅。

最後謹對賜予指導的師長，尤其是京都大學人文科學研究所上山春平教授和答應負責出版本書的弘文堂諸位先生衷心致謝。

一九六三年十二月五日

識於東京池袋寓所

王 育 德

補充修訂版序

本書在一九六四年一月由弘文堂出版，一九六六年該書店一連串的叢書出版計畫中輟後，日本各地書店均不易購得。可是希望購閱的呼聲甚高，直接向弘文堂或我洽問的人很多，對這些向隅的讀者說明已無存書時總覺得很難啓齒。

去年以來，大衆傳播一齊展開論調稱：一九七〇年代係中國問題的年代，越戰結束後就是中國問題。它使世人對中國問題的關心更爲提高。

我認爲中國問題歸根到底就是台灣問題，不先合理而且合乎實際地解決台灣問題就無法眞正解決中國問題。

幸好在一般人的認識逐漸加深之際，弘文堂的新編輯部認爲本書在有識之士之間向被評爲有關台灣問題必讀之書，未能呈現於讀者眼前極爲可惜，於是決定加以補充修訂，做爲單行本出版。

再版之前，重新閱讀一過，利用這個機會將寫錯和排錯之類的地方儘量加以更正，理所當然，不過內容則幾無修改，因爲我不認爲有修改的必要。

但初版迄今已有六年光陰，其間台灣表面上似乎安定，背後則有極大的變動，這一點決定補寫，以「第八章　從六十年代步入七十年代」爲題接於第七章之後，年表當然也同樣予以延長。

「我如何寫『台灣』」一文原是本書出版的那一年五月十三日，在東京平河町都道府縣會館舉行出版記念會時，分送出席人士做記念的小冊子，這次重加收錄。把內幕公開於大庭廣衆之中覺得很不好意思，但因弘文堂認爲基於本書的性質，這樣做也有這樣做的意義，我也就接受他們的建議予以刊出。

在「後記」中我把本書從什麼立場受到什麼評價予以公開並加上個人的註解，供各位讀者參考。

補充修訂之際，承蒙弘文堂新編輯部諸位先生惠賜寶貴的建議和協助，謹致由衷謝忱。

一九七〇年四月十七日

〔目次〕

第二章 不完全的新天地——荷蘭時代（一六二四～一六六一年）

第三章 國姓爺的明暗兩面——鄭氏時代（一六六一～一六八三年）

第四章 血汗的累積——清朝時代(一六八三～一八九五年)

第五章　只剩下台灣人——台灣民主國（一八九五年）

第六章　近代化的漩渦中——日據時代（一八九五～一九四五年）

台灣人不承認開羅宣言

序章
風雲詭譎的台灣

台灣是一個形狀如甘薯的島嶼，和中國大陸之間隔着一百八十公里的台灣海峽，扼東北亞和東南亞的咽喉，地居要衝。

島嶼面積和日本的九州彷彿（約三萬六千平方公里），島上有大約一千萬土生土長的台灣人和大約二百萬戰後流入的中國人，雜處而居。

現在由奉蔣介石爲總統的國民政府進行統治，高喊「反攻大陸」，虛張聲勢想把冷戰轉化爲熱戰，令人提心吊膽，這是衆人皆知的。

蔣介石在十八年前口吐「以德報怨」這句名言，將留在大陸的日本敗兵殘卒平安遣送回國，因此在部分日本人之間還受到歡迎，但是大多數人似乎對中共的「解放台灣」更覺得有吸引力。

不論「反攻大陸」或「解放台灣」，都是以「一個中國」爲前提，所以台灣的命運歸根結蒂還是掌握在蔣介石和毛澤東的手中，最後還是會當做「中國的內政問題」解決——這個想法已成爲一般的常識。

這個常識又以規定「使日本在中國所竊取之領土，如東北四省台灣澎湖列島等歸還中華民國」的開羅宣言（一九四三年十一月二十七日）以及對此加以追認的波次坦宣言（一九四五年七月二十六日）爲法理上的根據。

開羅宣言的決定事先未與台灣人磋商，因此台灣人不受其拘束——這是台灣人的主張。很有趣的是後來各國的學者、政治家相繼對開羅宣言表示懷疑，好不容易找到的法理上根據也發生了動搖。例如一九五五年二月四日，當時的英國外長艾登曾經發表下面的看法：

「第一，今天台灣的主權實際上究屬何人這個問題，只能說『不明確或尙未決定』。

第二，戰後蔣介石曾獲協約國委以台灣的施政權這個事實，和任何變更主權的問題均無關聯。

第三，在對日和約中日本放棄對台灣的一切權限，但這樣並非說領土權就移交國民政府或中共管理。

第四，大陸沿岸由國民政府管轄的小島顯然是中共的領土。但如欲訴諸武力解決，將會成爲威脅國際和平與安全的『國際事項』」（摘自一九六一年六月，日本「國際問題」第十五期所載，永田重藏「有關台灣問題的基本研究」）

撇開這些不談，囂然刺耳的「反攻大陸」和「解放台灣」的空口號絲毫沒有付諸實行的苗頭，隔着海峽双方相持不下陷於膠着狀態，反而逐漸形成「兩個中國」的既成事實。

這麼一來，普通的人就會認爲個中一定有某種必然性而抱着看開一切的達觀心理，其中也有人一本正經地以爲這是美國搗鬼，是美國不好。

但是這樣似乎有些過於敎條主義硬套公式。本來把台灣問題單純地視爲中國的內政問題，試圖以一次方程式解決，正是截至目前問題一籌莫展的原因所在。它根本就是聯立方程式。除開蔣介石，毛澤東等中國人的因素，還必須考慮台灣人這個因素。

並非故作驚人之語，我認為解決中國問題的關鍵在於台灣問題，把一般人設想的順序顛倒過來，先從台灣問題解決下去。找到台灣問題合理而又合乎實際的解決方法，中國問題自然迎刃而解。

換言之，使蔣介石的國民政府化為烏有，建立台灣人的台灣共和國取而代之，承認中共是中國唯一的合法政府，讓台灣共和國加入聯合國。捨此已無解決一切的方法，而且將來自然會走上這個解決途徑。

台灣人究竟是什麼？他們有無要求獨立的資格？

一定有很多人抱這個疑問。以往人們的腦子裏並無要求獨立的台灣人的心象。最大的原因歸根結底在於台灣人的自我主張太薄弱。何以薄弱？乃因台灣人的言論自由被剝奪。

但設法陳訴心迹的台灣人並非完全沒有。僑居海外的台灣人迄已發行了內容雖然貧乏但數量很多的宣傳品，而島內的台灣人也一有機會就向外籍旅客呼訴。

例如美國的「哈潑斯雜誌」（Harpar's Magazine）在一九六三年九月號刊載了記者艾伯特•阿克塞爾班克（Albert Axelbank）的報導，標題為「蔣介石的沈默的敵人」，其中有這麼一段：「在台灣所謂『獨立』或『自治』都是忌諱的字眼。但不論屬於國民黨或反對黨派，台籍的領導人士都向我表示百分之九十以上的民衆希望和中共以及國民政府斷絕関係，建立獨立的台灣共和國。」

有關台灣內部逐漸鬱積醞釀的危險而龐大的力量之報導不一而足。「紐約時報」、「觀察家報」、「中國季刊」（英國）、「環球郵報」（加拿大）等歐美一流的報紙雜誌經常提及，日本像大宅壯一、臼井吉見等一流評論家、各大報駐台北特派員也都曾詳加報導。

各國的政治家中並非沒有深具認識者。可惜國際輿論尙未被充分喚醒，達到足以形成促進力量的程度。

雖說台灣人的事應由台灣人自己解決，但既然東西兩個陣營的利害關係錯綜其間，勢力交雜如是，恐怕已非台灣人的力量所能勝任。還是要靠國際力量的另一股力量——追求正義和人道的健全的國際輿論。

以往國際輿論在阻止東西冷戰化爲熱戰招致世界人類滅亡這一方面，作出極大的貢獻。它對於某一特定國家的獨裁者過分的獨裁覇道作風，甚至發揮了掣肘的作用。一九六三年越南吳廷琰政權的沒落就是最佳的例子。吳廷琰對佛教徒的蠻橫鎭壓使國際輿論爲之沸騰，攻擊的目標擴及提供援助給吳廷琰的美國。美國對此耿耿於懷，不得不對吳廷琰絕望。

一九六〇年代，我們目睹亞洲超人的獨裁者一個接着一個沒落——一九六〇年四月李承晚；一九六三年十一月吳廷琰；一九六五年九月蘇卡諾；一九七〇年三月西哈努克。

超人的獨裁者喊出的口號因人而異，例如「反共」「納沙貢」（NASAKOM）「中立」等等，實際上所作所爲如出一轍，高居於民衆頭上專制獨裁，私底下圖謀一族的榮華富貴，使國家民族瀕於危殆。

但是無法忍受壓迫的民衆一旦揭竿而起，獨裁者就很出人意料之外不堪一擊走向沒落。

其中只有蔣介石一個人還生存於台灣。各種口號當中像蔣介石所喊的「正統中國」「反攻大陸」等口號那樣把人當傻瓜看待的無出其右。然而却只有他還能活命，原因何在？

個中固然有其原因，不過獨裁者終究避免不了滅亡的命運。歷史以及進步的國際輿論不會讓獨裁者一直生存下去。民衆的忍耐也有限度。

因此，人們期望台灣在最近的將來會發生變化固然不錯，而預先知道這種變化發生的方式乃至發生後的結果在本質上將與其他國家不同，這是很有幫助的。什麼地方不同？

這裡進行的是台灣人對中國人的民族鬬爭。

它是一種殖民地解放運動。

它是四百年台灣史的衝刺目標。

它是使中國問題一舉解決的國際貢獻。

根據何在？這本書就是答覆。

16世紀後半台灣人的祖先
開始渡海來台尋求新天地

第一章
命運曲折的島嶼
——尋求新天地

1 「台灣」——地名的由來

如果把台灣除外，就只剩下金門、馬祖這些大陸沿岸小得可憐的島嶼的國民政府不願在奧林匹克之類的場合被稱爲「台灣」，撒賴說不稱爲「中華民國」就不出場。

這是因爲被趕出大陸侷促於狹小的台灣而產生的自卑感所造成的。

這種自卑感在三百年前已有先例。鄭成功就是。他認爲台灣這個名稱，發音和「埋完」（tai-oan）相通很不吉利，改用「東都」（Tang-to˙）這個新名稱，很明顯地可以看出，這是出於和北京、南京對抗的悲壯心懷。「東都」後來被其子鄭經改爲「東寧」（Tang-leng），但滅掉鄭氏的清朝始終無意襲用這個名稱，經過再三考慮最後不得不恢復已經通行的原有名稱「台灣」。

現在台灣人把自己的鄉土稱爲台灣，把自己叫做台灣人，只有無限的眷戀之感，毫無自卑感。台灣這個地名來自較早定居島內的高山族，這是比較爲人所知的。不過台灣這兩個字通用各地，成爲整個島的總稱，有一段有趣的經過。

Tai-oan 這個名稱出現於記錄，以明代周嬰（宣德、正德年間，一四二六～一五二二年）的「東蕃記」所載「台員」二字爲始。同一時期，沈鐵在「請建澎湖城堡置將屯兵永爲重鎭書」中寫成「大灣」，日本的文獻例如「華夷通商考」「和漢三才圖會」寫做「大寃」，「長崎港草」則寫做「大宛」。

「台灣」兩字成爲慣用是在萬曆年間（一五七三～一六二〇年）。季戲光的「蓉州文稿」一書有「萬曆年間，海寇顏思齊，踞有其地（台南附近）始稱台灣」的記載，「明史」也提到：「至萬曆末，紅毛番舟泊此（安平附近），因事耕鑿，設闤闠（城）稱台灣」，由此可知。

從使用種種假借字的事實可以知道 Tai-oan 原非漢語，追溯其來源實係盤踞於台江（往昔安平和台南兩地，海水深入內陸形成海灣叫做台江）西岸亦卽台南附近的平埔蕃西拉雅族對外來者的稱呼——他們稱呼外來者爲 Tai-an 或 Tayan。移民從什麼時候開始出現於西拉雅族之前無法知曉，但可以想像是在「東蕃記」有「台員」之記載以前。

移民聽到這個稱呼，把它發音成 Tai-oan。正確地說是〔taiuan〕，副元音相當強，所以荷蘭人才拼成 Taioan。不曉得移民是否知道這是對自己的稱呼，他們就這樣自以爲這個地方叫做 Tai-oan。

Tai-oan 起初是指安平港的一個小島——一鯤身島而言。這個島與其說是島，不如說是沿着海岸形成的大砂洲，由此向南啣接以迄七鯤身。傳說取這個名字是因爲它的形狀很像「莊子」中出現的怪魚。大概當時已經有相當「飽學」之士？

移民把自己定居之處叫做 Tai-oan，把高山族居住的台江西岸叫做赤崁（Chhiah-kham，西拉雅族某一部族之名稱），保持警覺。「台灣府志」（一六九四年初撰）中的記載：「荷蘭紅毛愛其地，借居於土番，因築台灣城居之。已復築赤崁樓與相望」，卽係說明個中情況。

不久一鯤身島人滿爲患，移民鼓勇開始向赤崁地區擴張，Tai-oan 這個地名也隨之擴大及於現在的台南附近。

試觀崇禎年間（一六二八～一六四四年）傅元初的奏疏，其中有「台灣紅毛據之，鷄籠（基隆）淡水呂宋之佛郎機竊至」以及「鷄籠淡水之地，一日可至台灣」等語，可知當時台灣還只限於南部狹窄的地區。

不過稍後何楷上疏時指出：「台灣在澎湖島之外，水路距漳泉（福建沿岸）約兩日夜，其地廣衍膏腴，可比一大縣」，足以窺知當時台灣已衍變爲整個島的總稱。

可是實際開拓的地區，從荷蘭時代一直到鄭氏時代，脫不出以台南爲中心的狹窄範圍。淸代以後設台灣府管轄，其下除南路的鳳山縣，北路的諸羅縣外，還特別保留台灣縣，卽其痕迹。

現在英語有稱台灣爲 Taiwan，稱台灣人爲 Taiwanese 的傾向，但我個人不願放棄 Formosa，Formosan 這個現成的名稱。「美麗島」「美麗島的居民」在感覺上較佳。

把台灣命名爲福爾摩沙的是葡萄牙人，這是無人不曉的。葡萄牙人航行海上，從船上看到青翠欲滴的台灣島，高呼 "Ilha Formosa!" (ilha 相當於英語的 island)。不過葡萄牙人每次發現令人驚嘆的島嶼，都有歡呼 "Ilha Formosa!" 的習慣。如果知道這樣被命名爲福爾摩沙的島嶼在亞洲、非洲和南美洲有十二個之多，難免覺得有些掃興。雖然如此，其中以台灣最有名，所以用福爾摩沙做台灣的註册商標並無不妥。

葡萄牙人在什麼時候這樣命名？現存於威尼斯多奇宮，推定係繪製於十六世紀前半的東亞地圖上繪有日本、種子島、福爾摩沙，位置相當明確。葡萄牙人在一五四一年（嘉靖二十年）抵達豐後，一九四三年把火槍傳到種子島，參酌比照之下可以推定福爾摩沙的命名大致在這個時候。

2 海盜的族譜

「台灣縣志」（一七二一年初撰）有這麼一段：「顏思齊之所部屬多中土之人。中土之人入台灣自思齊始。」

顏思齊（一五八九～一六二五年）是福建海澄人，精通武藝的豪俠之士。年輕時誤殺權門下僕，畏罪逃到日本，在平戶經營裁縫舖，發財致富。前來日本貿易的中國船發生糾葛，輒樂於居間排解，揮霍散財，故義名遐邇皆知。

天啓四年（一六二四年）夏天，他三十六歲的時候，被聚集於平戶性喜冒險的船夫楊天生、顏依泉，陳德等二十八人推爲首領，開始以海盜營生。當時二十一歲，娶田川氏女兒的年輕小伙子鄭芝龍也加入一夥。他們先在日本興風作浪，然後分乘十三艘船開往台灣，以台南附近爲根據地，構築九個城堡。

當時台灣還有屬於倭寇後代的日本人和在東方貿易舞台新露面孔的荷蘭人，三者在初期保持奇妙的關係，一面合作一面競爭。

顏思齊在翌年秋天前往諸羅（嘉義）一帶捕鹿，滿載而歸，大擺慶宴，但不久就患瘧疾病死。

繼顏思齊之後被推爲首領的是鄭芝龍（一六〇四～一六六一年），當時他是九個城堡中的一個城堡的頭目，出生於福建南安，幼時曾在澳門受洗。

天啓三年（一六二三年）夏天，鄭芝龍護送舅父黃程的船貨赴日，對田川氏十七歲的閨女一見傾心，娶爲妻室。翌年舊曆七月十四日生男兒福松，卽後來的鄭成功（據江日昇「台灣外記」所載）。鄭芝龍旋卽隨顏思齊乘船前往台灣。

他很開明，對部下發出禁令：一、不可強暴婦女；二、不可殺傷普通良民；三、不可隨便放火；四、不可偸割稻穀。這些禁令暗示當時台灣已有攜帶眷屬的一般移民，並已進行農耕。

鄭芝龍的目標在於建立台灣海峽的制海權，博取通商貿易的鉅利。他利用和田川氏的姻親關係與日本通好，並與前來台灣的荷蘭人締結通商協定，也接受明朝的招撫。

當時的任命書極爲別致：「因討平海盜鄭一官之功，任義士鄭芝龍爲海防遊擊。」

鄭一官是鄭芝龍的俗稱，又稱爲老一官（「官」是福建話對別人的尊稱）。

算盤打得精又有先見之明的鄭芝龍看到明朝已經沒落就投降清朝。但是只有這一步棋沒有走對。清朝利用他招降鄭成功，實際上他也一再對自己的兒子呼籲，可是鄭成功不吃這一套。結果他被視爲「心腹之患」，遭到殺身之禍。

海盜的族譜在鄭芝龍的兒子鄭成功這一代卽告結束，不過如往上追溯就會發現許多歷史上有趣的事實。

嘉靖年間（十六世紀中頃），廣東有流寇吳平起事，以南澳爲根據地騷擾附近，後來才被名將戚繼光平定。戚繼光在此之前也屢敗倭寇數建殊勳。但吳平手下的林道乾（廣東省潮州人）和曾一本仍不歸順，出沒於廣東福建沿岸，台灣也是根據地之一。

一五六三年（嘉靖四十二年）都督俞大猷追擊林道乾至澎湖島。林道乾又逃往台灣，俞大猷緊追不捨。但是俞大猷對這一帶水路不熟，聽說鹿耳門（安平）水路險惡，就打斷進擊的念頭，折返澎湖島鞏固防備。林道乾好不容易能喘一口氣，但因當時台灣還是草莽之地無法進行持久戰，於是誘殺高山族，煮其膏血以爲堵塞船板縫隙的油漆之代用品，從一鯤身島和二鯤身島之間逃往占城（印支半島）。

據「台灣縣志」所載，林道乾原是倭寇的一夥。林道乾還留下有趣的傳說，說他曾將掠奪的十八箱金銀財寶埋藏於打狗山（壽山）。這可以說是辛巴達寶藏的台灣版（據一九三六年發行，李獻璋編「台灣民間文學集」中所錄，夜潮「林道乾與十八擕籃」一文）。

林道乾流竄到南洋後，太平的日子持續了沒多久，一五七三年（萬曆元年）又出現一個海盜名叫林鳳（廣東省潮州人）。他騷擾廣東沿岸受到追剿，也走澎湖島、台灣這一條老路線逃竄到呂宋。

一度銷聲匿迹的曾一本也再度開始行動，一五八〇年（萬曆八年）從南澳進入澎湖島，以此地爲根據地。當時有不少以前的移民又偷偷回來和曾一本會合。

3 苦難始於澎湖島

澎湖島現在包含於廣義的台灣之內，和台灣本島關係密切無法分割，但以前則非如此。澎湖島的存在爲世人所知遠比台灣爲早。元末（十四世紀後半），澎湖島有移民數千，前來的貿易船一年達數十艘，因此元朝特設巡檢司監督管理。

清朝消滅鄭氏後曾認眞考慮過放棄台灣，這是有名的史實。雖然如此，清朝却有意保留澎湖島。拿從前和現在比較，現在台灣人和自由世界各國都認爲金門、馬祖應該還給中共，而澎湖島是台灣的一部分，所以應該在澎湖島和大陸之間劃定明確的界線；從前則認爲應該在台灣和澎湖之間劃分界線，台灣可任其荒蕪，但澎湖島在大陸的防衞上無法缺少，不能放棄。

最先主張保衞澎湖島必須把台灣也置於統治之下的是清將施琅（一六二二〜一六九七年）。施琅認爲自己辛辛苦苦攻佔的台灣如輕易放棄，於公於私都有損失，從這個角度主張確保台灣。在有名的「恭陳去留利害疏」中，他說：

「如僅守澎湖而棄台灣，則澎湖孤懸汪洋之中，土地單薄，界於台灣，遠隔金厦，豈不受制於彼，而能一朝居哉。是守台灣，則所以固澎湖。台灣、澎湖一守兼之，沿邊水師汛防嚴密，各相倚角，聲氣關通，應援易及，可以寧息。……」（摘自「台灣府志」）

施琅的戰略論如何正確，展視地圖一目瞭然。施琅在澎湖擊破劉國軒，台灣的鄭氏只好無條件投降；台灣落在朱一貴手中，澎湖的清軍就逃回厦門。晚近在甲午戰爭中，日本比志島支隊佔領澎湖時，台灣的清軍就知道自己會打敗仗。

澎湖島在經濟上也成為台灣的一部分是清朝以後的事。以前主要靠來自厦門的補給。（厦門是在和澎湖島、台灣之間交通頻繁後才開闢的。）

福建，廣東沿岸的居民開始移居澎湖島是在十三世紀（宋末），移居台灣晚三百年，在十六世紀後半（嘉靖、萬曆年間）才開始。明初完成的「元史」，有關澎湖島的記載甚詳，有關台灣的記述則極簡略。

關於澎湖島移民最早的記錄是宋代出版的趙汝适的「諸蕃志」。其中提到澎湖島屬於福建省晉江縣，居民為附近毗舍那土蕃（似為東港西方的小琉球）的襲擊所苦。

到了明朝澎湖就被放棄。清人顧祖禹所撰「讀史方輿紀要」說明其中經過稱：

「洪武五年（一三七二年）湯信國經略海上，以島民叛服難信，議徙近郭。二十一年（一三八八年）盡徙嶼民，廢巡司而墟其地。繼而不逞者潛住其中；倭奴往來，停泊取水，亦必經此。」

黃叔璥所著「台海使槎錄」中的「赤崁筆談」則謂：

「洪武五年，以居民叛服不常，遂大出兵，驅其大族，徙置漳泉間。」

二者略有出入，個中底蘊，東洋史的專家似亦無詳細的研究。想來明朝對移民開始勸說大概在洪武五年，因為得不到結論，就在二十一年出動軍隊採取強制遣送的措施。對於出動軍隊，移民當中的有力人士頑強地抵抗，但受到鎮壓，被押解到原籍漳州，泉州等地。

明朝建立後不久就爲倭寇所苦。倭寇是指日本足利幕府式微時期以迄戰國時代，在日本國內不得志的九州方面、瀨戶內海的武士淪爲海盜，騷擾中國大陸沿岸的一群人而言。有許多生活困苦的福建、廣東沿岸的居民也加入他們一夥，勢極猖獗。

明朝爲了對付倭寇，一方面積極討剿，一方面消極禁止人民出海（所謂「寸板不得下海」之禁），不准海商從事海外貿易，下命放棄離島。強迫澎湖島移民撤離只是放棄離島的一個例子。明朝的措施雖然有其道理，但站在移民的立場來說，這是涉及生死的問題。他們對官府的無理蠻幹如何悲憤慷慨咬牙切齒，其情景可以充分想像。

洪武年間強迫澎湖島移民撤離，是中國政府對台灣人岐視壓迫的歷史的開端。對中國政府來說，大陸和澎湖、台灣一開始有實質上的來往，他們就發現這兩個島嶼不但不會在政治上，經濟上帶來絲毫好處，反而會在治安上帶來壞處。

只知道高度開發下的今日台灣的人，也許很難瞭解這一點。如果把當時還是瘴癘之地的台灣和名符其實的中華大國拿來對比就能够瞭解。總之當時已經扎下偏見的根，而後來的歷史發展使這個偏見更加根深蒂固。

華僑向南洋發展從宋代開始。歷代的政府都認爲華僑是「不安守本分之徒」。這也是儒家的中華思想造成的結果。中國是世界上最優越的國家，外國都是夷狄之邦。中國人生於中國，能在王道樂土工作，應該感謝，却棄之移居外國，簡直不知好歹。正因如比，中國政府未曾認眞考慮過保護華僑。

例如一六〇三年（萬曆三十一年），呂宋島發生兩萬五千名華僑慘遭西班牙人殺戮的事件，福建

荷人登陸澎湖島圖

巡撫奉政府之命向呂宋總督致送抗議書，其中略謂：流寓國外的中國人都是拋棄鄉里貪財圖利的賤民，沒有保護的必要。歐洲各國有一傳教士被殺害就不惜訴諸武力，相形之下在態度上有霄壤之別。那麼致送抗議書目的何在？只是爲了維持中國的体面。（據一九四一年八月初版，成田節男著「增補華僑史」第十一章「支那的華僑政策」）

儘管如此，南洋華僑離中國很遠，他們是死是活不會給中國帶來麻煩。但澎湖島、台灣的移民，如看做華僑，和大陸的關係又過於密切，如看做本國國民，叛離的傾向又太強，就是這樣才把澎湖島、台灣的移民視爲潛在的叛徒，以歧視偏見對待，從各方面加以壓迫。

澎湖島被捲入東西交通史比台灣早，因此當地的移民所嘗的辛酸也倍甚。呂宋島發生兩萬五千名華僑慘遭殺戮事件那一年，荷蘭艦隊在澎湖島登陸。明軍在此之前就已經撤離，所以荷蘭艦隊開始準備佔領該島。明朝驚慌之下出兵要求荷軍撤退，並禁止沿岸居民和他們交易。荷蘭艦隊知道彼此兵力懸殊，心有不甘地答應撤退，但沿岸的居民覺得很可惜，認為：「此不費航海而坐收遠夷珍寶，利百倍，若之何而失之。」（摘自「天下郡國利病書」福建㈢洋稅項）。

荷蘭人自無不洞察個中微妙的道理。一六二二年（天啓二年），擁有艦隻六艘士兵兩千的荷蘭艦隊，企圖攻佔澳門的葡萄牙基地，鎩羽而歸，照原定計畫北上開往澎湖島，在媽宮澳（馬公）登陸。

澎湖島的移民就在這時遭遇到飛來橫禍。停泊中的六百艘漁船被捕獲，一千五百名男子被奴役構築要塞。在要塞完工之前有一千三百名病死或餓死。荷蘭人每天只給他們半斤米。要塞完成後，生存者中身強力壯的被送往巴達維亞當奴隸。他們在航海期間，有的受不了虐待而喪命，有的因為生病被丟入海中，平安抵達目的地者未及半數。澎湖島民的命運就那樣延伸為後來的台灣人的命運。

4　日本人的魔掌

中國人主張「台灣是中國固有的領土」，除了擅自把台灣人視為中國人之外，大概還以隋朝的陳稜（六一〇年）和元朝的楊祥（一二九二年）、高興（一二九七年）很早就嘗試探險性遠征之類的事實為根據。但是只憑探險性質的遠征就主張自己有領土權，那麼現在的世界地圖有多少張也不夠。照中國人這一套作風的話，日本人也有三分權利。而且日本人的權利比荷蘭人優先。

所謂日本人並非光指倭寇。倭寇也不是光以台灣為根據地從事海盜的勾當，還深入內地襲擊高山族。何喬遠的「閩書」中有「東番夷始皆聚居海濱，明嘉靖末，遭倭寇焚掠乃避居於山」等語就是指此而言。它可以說顯示倭寇有半永久定居台灣的意圖。

當時日本人把台灣叫做 Takasago 或 Takasagun，這是從打狗山（Taⁿ-kau-soaⁿ）的發音變來的。根據倭寇帶來的情報，日本人開始對台灣產生佔領的野心。

一五九三年（萬曆二十一年），豐臣秀吉派原田孫七郎到呂宋，順便攜帶催促台灣入貢的親筆函。豐臣秀吉把台灣當做獨立國——高山國來對待，但對方是分為許多小部落各自割據的高山族，當然毫無意義。

一六〇九年（萬曆三十七年）德川家康派有馬晴信到台灣東海岸探險。

最值得注目的是比顏思齊早十年，也就是一六一五年（萬曆四十三年）長崎的地方官村山等安派兵遠征台灣。遠征軍共有士兵四千人分乘十三艘船出發，途中遭遇風暴，結果船毀人亡。如果這次遠征成功，台灣的歷史也許完全改觀。正因有這個「實績」，濱田彌兵衛才會在看到荷蘭人入據台灣儼然以統治者自居時覺得無法忍受（一六二八年，後述）。

這個時期日本人向南海所做的擴張，被下定義為所謂早期重商主義，可惜由於一六三六年（崇禎九年）到一六三九年的鎖國令而宣告閉幕。

5　高山族悲慘的命運

「台灣屬於台灣人」——對於台灣人的這個主張，常會有中國人強詞奪理地表示：「不，台灣屬於高山族。他們是土着民族，只有他們才能主張自己有所有權。」這種歪理出自卑鄙的陰謀，企圖使台灣人覺得自己也是侵佔者，產生虧欠心理，以便他們厚臉皮分贓。

巴巴拉・華德（Barbara Ward）論及殖民主義時把它分爲四個類型。其中的一個類型就是征服者的文明和被征服者的社會組織差距太大，無法將二者予以結合，結果被征服者不是衰滅，就是在被隔離的保留地區作爲悲慘的零散殘存分子苟延殘喘。塔斯馬尼亞島的土人是前者慘痛的例子，美國印第安人則是後者有名的例子（摘自一九六〇年九月，荒地出版社發行，鮎川信夫譯「改變世界的五種思想」）。台灣的高山族很可憐也屬於這個類型。

台灣的高山族，概括地說屬於馬來波里尼西亞人種，但並非單純的同一種族。一般分爲泰雅（Atayal）、布農（Bunun）、曹（Tsou）、排灣（Paiwan）、阿美（Ami）、雅美（Yami）、賽夏（Saisiat）七族，不過從其錯綜的分佈狀態和迥異的風俗習慣來看，並不是同一時代從同一地方移居台灣，當時的狀態正如「閩書」所述：「東蕃夷，不知所自始，斷續數千里，種類甚蕃，別爲社，社或千人，或五、六百人。性好勇喜鬪。」

他們主要靠漁獵爲生，多少知道農耕，但屬於極幼稚的階段。荷蘭傳教士侃第紐斯（Georgius Candidius 一六二七～一六三七年在職）的報告中有下面一段：

「……婦女，主要的工作是耕種土地，他們不用馬、牛和犁。普通是用鶴嘴耕鋤，故要耗費很多的時間。播種的稻，成長以後，就密生於一個一定的場所。他們不得不進行移植。這是相當勞苦的工作。稻成熟以後，他們不用鐮刀收穫，而祇是用小刀似的器具，割取穗部。割稻以後，他們並不脫粒除殼。他們是携帶着走，而舂取每日所需要的分量。每晚在火上烘烤二三束穗子，在翌晨日出前二小時，婦女就起牀搗取其一日所需要的米。這一件事情，他們是每年每日反復着做的。他們決不多做超出一日所需的米。……男人從事戰鬥、狩獵。而且土人習性懶惰，以致土地多未開闢。」（摘自一九五九年十二月二十七日發行，「台灣文獻」所載，郭水潭：「荷人據臺期之中國移民」一文。原文見 W. Campbell "Formosan Under Dutch"）

出生於面積的百分之九十以上屬於山地的福建，在慢性飢荒的威脅下長大，爲明清改朝換代兵荒馬亂所迫，渡海前來台灣的移民，當然不會對這種暴殄天物的狀態袖手旁觀。移民起初以君子風度和高山族訂立土地租賃契約開始進行開拓。所謂「蕃大租」即其遺物。

當時高山族的勢力究竟如何並無記錄可考，不過他們散居於廣濶的海岸平原毫無疑問。隨着移民的增加和開拓的進展，他們同化的同化，不屑於同化的則不斷被趕入「內山」（中央山脈），當然蒙受很大的損失。

台灣人是否能因爲知道並非只有高山族遭遇到這種命運，而聊以自慰？美國印第安人在一六〇〇年左右，人口有七十二萬，一八九一年減少到四十萬。巴羅岬（Point Barrow）的愛斯基摩人，在一八六一年到一八九一年這三十年間，人口減少了百分之六十。（據矢內原忠雄著「帝國主義研究」中所述「關於未開化土着的人口衰減現象」）

高山族現在估計約二十萬人，根據一九三一年的調查則爲十四萬人，三十年之間只增加百分之四十左右，和台灣人每年增加百分之二點五到三點五的比率對照之下，衰減的傾向極爲明顯。

未開化土着民族人口的銳減乃至微增，在看慣西部片中印第安人一個接一個被擊斃的場面的人看來，也許會認爲屠殺是最大的原因，其實他們本身頹廢的性生活、不衞生的風俗習慣、對飢荒和傳染病的無防備狀態等等，才是內在的主要原因。

第二章

不完全的新天地——荷蘭時代（一六二四～一六六一年）

先民捕鹿圖

1 荷蘭確立控制權

連現在在內，台灣共有三次成爲列強角逐的舞台。附加於台灣的這個國際色彩，迫使台灣人的歷史無法不變質而迥異於中國人的歷史。

不熟悉台灣歷史的人，把台灣對中國的地位視如九州在日本的地位，因此認定台灣人希望獨立就和九州人希望獨立一樣無聊之至。

試問九州是否曾經和日本的其他部分脫離，三度成爲列強角逐的舞台?元寇和英吉利艦隊砲轟鹿兒島是否被視爲只是九州一地的危機?並不然。它是日本舉國以赴的國難。

可是台灣的情形不同，放任列強角逐，甚至於數十年受外國控制。而且正因這個緣故，中國人對台灣人輕視厭惡的感情更加強烈。這是把台灣的命運和台灣人的生活置之度外，只顧自己利益，充滿惡意的感情。

給澎湖島的移民帶來空前大慘禍（參閱二六頁）的荷蘭艦隊，屈服於福建巡撫率領出擊的大軍之下，結果這次也不得不從澎湖島撤退。交戰八個月之後，双方締結了停戰協定：

⑴荷蘭從澎湖島撤離。

⑵明朝對荷蘭佔領台灣不表示異議。

⑶保障荷蘭對中國的貿易。

站在明朝的立場來說，以不屬於任何人的台灣做交易，收回元代以來就在勢力範圍下的澎湖島，已經心滿意足，而荷蘭則有荷蘭的企圖。

當時荷蘭艦隊的力量不過白人士兵八百五十人，在形勢上根本無法和增加到一萬人的明軍對抗。其間，他們研討了派到台灣的探險隊所提出的報告，知道台灣不但比澎湖土地廣濶肥沃，而且適於居住，已經有漢人和日本人進行大規模的貿易，趁現在的機會還有可能硬插一腿，壟斷其貿易，因此決心乾脆放棄澎湖，進入台灣。

一六二四年（天啓四年）九月，荷蘭艦隊在一鯤身登陸後立刻着手構築遮蘭奢城（Zeelandia）。築這個城，貿易上的意義甚於軍事。高山族態度很友善，或者提供糧食水薪，或者協助砍伐築城所需的竹子。這一點和協助建築詹姆斯城的印第安人一脈相通。但已達數千人的漢族移民直覺地預感到不幸將會來臨。而這個預感竟然成爲事實。

在此以前，台灣是一個自由的新天地。移民能够自己承擔危險，在這裏着手開墾，從事漁獵，和高山族交易，和日本人做買賣，博取利益。這是在貧困和戰亂的大陸畢竟無法奢望的，自由自在而有意義的生活。荷蘭人當然知道移民的不滿：

「我們進入台灣的時候，漢人並不歡迎，因此双方未能建立友誼。漢人鼓動蕃人反對鹿皮、鹿肉、魚類的貿易統制。當地年產鹿皮二十萬張和許多鹿脯、乾魚。每年約有一百艘帆船從大陸開來，除從事捕魚外，並將鹿脯等物帶回大陸。」（「巴達維亞城日記」對於荷蘭人眼中的移民的情況有詳細的記載）。

從這個時候起，荷蘭人對漢族移民的戒心，在三十八年的控制期間內始終沒有鬆懈。

西班牙人探勘大屯山硫磺礦區圖

荷蘭人害怕的是在人數上少很多的日本人的勢力。荷蘭人一進入台灣，就對所有船隻課徵關稅，包括日本船隻在內。中國船在炮台的恐嚇下屈服，日本船則堅持自己的優先權不肯退讓。

雙方敵對，形勢險惡。平戶的荷蘭商館（一六〇九年開設）唯恐影響到對日貿易，向巴達維亞的荷蘭總督建議和解，未被接受，終於在一六二八年發生濱田彌兵衛襲擊荷蘭長官諾依茲（Pieter Nuyts）事件。濱田彌兵衛的後台老板是長崎代官（地方官）末次平藏，而末次本人甚獲德川幕府信任。事件發展到日本對荷蘭斷交的地步，巴達維亞總督爲了乞和，不得不將責任歸於諾依茲身上，把他當作犯人交給日本。

2 西班牙人在北部的足跡

對於荷蘭人佔領台灣感到氣憤的還有西班牙人。西班牙人以呂宋（一五七一年建市）爲基地，對日本和中國進行貿易，如果通商路線的中途被人控制，生意就得關門大吉。因此在兩年後即一六二六年（天啓六年），迂廻到台灣東側，發現三貂角（San Tiago），沿着海岸線抵達鷄籠，在這裡構築聖薩爾瓦多城（San Salvador）。一六二九年（崇禎二年）又沿西北海岸進入淡水，構築聖多明哥城（San Domingo）。

西班牙人佔據台灣北部，這又是荷蘭人所不能容許的。一六二九年，荷蘭派小艦隊前往攻擊，西班牙人防禦有方，把他們擊退。當時荷蘭人經營台灣南部手忙脚亂，沒有餘力積極攻擊西班牙人。西班牙人的力量，連馬尼拉人在內約有兩百人，一方面也因爲期間較短，在台灣並沒有留下什麼可觀的業績。只在北部留下幾個地名和兩處城址。西班牙人也照老一套獎勵漢族移民來台，開始和高山族交易，傳教佈道，歡迎中國船前來貿易。因此移民日見增加，有的還深入北投方面和高山族一起從事硫磺的開採。據記錄所載，一六三五年有二十二艘中國船同時停泊於鷄籠港內，盛況空前。但一般地說，西班牙人熱心的程度比荷蘭人差很多。西班牙人把重點放在據有呂宋，佔領台灣北部只具有牽制荷蘭人的作用。一六四二年西班牙人終於被佔優勢的荷蘭艦隊趕走，前後十六年佔據史也就宣告閉幕。

3　獲得暴利的轉口貿易

當時西方列強對海外擴張，係基於所謂重商主義。他們熱衷於爭奪殖民地，勾心鬪角互相對抗。這個時代的殖民地和以後的資本主義的殖民地，性質迥異。資本主義時代的殖民地，除了做爲本國的原料供應地外，更重要的意義就是做爲消費市場。他們採取的政策是不斷投下龐大的資本，積極進行開發，把羊養肥，以圖永遠有羊毛可剪。日本帝國主義下的台灣是我們所能看到的最成功的一個例子。

重商時代的殖民地則採取殺鷄取卵的方式，殘忍地進行貪婪的掠奪和濫捕。科爾迭斯征服墨西哥（一五二一年）以及比沙羅遠征秘魯（一五三一年）即其典型。還好荷蘭人在台灣並未那麼不人道。話雖如此，歷史家里斯（Ludwig Riess）在「台灣島志」（Geschichte der Insel Formosa, 1897, 吉國藤吉譯）中認爲荷蘭人的統治「存在着提高台灣土着民族文化程度的根本思想」，有些牛頭不對馬嘴。

荷蘭人的目的在於把台灣當做對日本和對中國貿易的中途站。貿易不但比掠奪濫捕能够事半功倍，而且有持久性。只要服從控制，不給公司帶來損害，就沒有殺害和虐待殖民地居民的必要。而荷蘭人對獲自台灣的龐大利潤也覺得心滿意足。

荷蘭人向中國輸出台灣出產的砂糖、鹿肉、鹿角、藤之類，從中國輸入生絲、絲織品、陶器、犀角、藥材、黃金之類。這些物品由中國船運輸，和鄭芝龍締結的通商協定則保障其安全。一部分絲織品、陶器、黃金從台灣運往巴達維亞和荷蘭本國。另一方面，從巴達維亞輸入在南洋集聚的香料、胡椒、琥珀、錫、鉛、麻布、棉花、鴉片，大部分轉售到中國。對日本則輸出砂糖、鹿皮，獲得巨額利潤。另外對波斯也出售大量的砂糖。

台灣所獲利潤的龐大，在亞洲各地的商館中僅次於日本，居第二位。根據一六四九年（順治六年，永曆三年）的決算報告，錫蘭、暹羅等九個地區的商館入不敷出，日本、台灣等十個地區的商館則有盈餘，利潤總額一、八二五、六〇二盾（一盾相當於現在的美金一元多），其中，日本七〇九、六〇三盾，佔三八・八％，高居首位，台灣四六七、五三四盾，佔二五・六％，居第二位，二者合計達六四・四％。而且日本商館的利潤幾乎全靠台灣轉運的台灣和中國的產品，可見台灣在荷蘭的東方貿易中實居最重要地位。

三十八年的統治期間內，荷蘭人究竟獲得多少利潤？有一個簡便的統計表足以說明。

台灣收支表（單位：盾）

年度	支出	收入	利潤
一六四〇	二五五、〇〇〇	二六八、〇〇〇	一三、〇〇〇
一六四一	二一六、〇〇〇	二三三、〇〇〇	一六、〇〇〇
一六四三	二三四、〇〇〇	三一八、〇〇〇	八三、〇〇〇
一六四九	—	—	四六七、五〇〇
一六五三	三二八、〇〇〇	六六七、〇〇〇	三三八、〇〇〇

（摘自一九五四年三月發行『民族學研究』第十八卷第一、二合併號所載，中村孝志：「台灣史概要（近代）」）

概括地說，荷蘭人在三分之二以上的期間內，採取掠奪式的經濟，使資源瀕於枯竭，利潤未必能算龐大。在積極誘導努力開發的三分之一以下的期間內，利潤反而龐大，這雖是理所當然，却也值得玩味。這個巨額的利潤，是從增加的移民的勞力中進行有組織的剝削的結果，自不用說。

這裡值得注意的事實就是：在這整個期間內，台灣的經濟發展大大地削弱了大陸和台灣在經濟上的聯繫。在移民本身不知不覺之間，台灣形成了獨自的經濟圈和政治單位，開始把他們當做特殊集團的一員進行塑造。

4 懷柔高山族得到成功

荷蘭人對於移民和高山族對自己來說分別具有什麼優點和缺點，有很冷靜的判斷。他們認爲高山族不但單純聽話，而且由於面臨移民的威脅，如果加以懷柔和教化，就能夠拉攏過來當做有利的伙件。因爲荷蘭人除了數百名官吏、商人及其家屬之外，兵力只有九百餘人，分別駐守十餘處。

最先和荷蘭人接觸的是新港（Sinkan）社的高山族。他們起初給荷蘭人種種方便，後來受移民煽動，殺害荷蘭士兵。荷蘭人爲了報復，以猛烈的炮火攻擊，他們才和荷蘭人講和。一六二五年，荷蘭人在台江西岸築赤崁城（Providentia），高山族將土地出售並退居於新市附近。一六二七年，第一任傳教士倪第紐斯進入他們的部落學習新港語——西拉雅語，開始對高山族傳教。

同年，在濱田彌兵衞的煽動下，利卡（Rijcka）等十六人和彌兵衞一起赴日謁見德川家光，訴陳荷蘭人的暴虐。三代將軍家光當然不會輕易接見高山族。彌兵衞教利卡等人自稱高砂（Takasago）國使節，希望把高砂國獻給日本，請日本把荷蘭人趕走。利卡等人在翌年和彌兵衞一起回到台灣。荷蘭人知道這件事後，把利卡等人逮捕下獄，並派軍隊包圍新港社，施以下馬威。新港社蕃大爲驚慌，逃入山中，後來被罰繳一棟供荷蘭人居住的房屋、三十頭猪和每戶一把米的罰款，才獲准歸順。一六三〇年，倔第紐斯又回到新港社傳教，逐漸取得高山族的信賴，獲得成果。

對新港社進行宣撫工作的同時，荷蘭人對附近的蕭壠（Saulang 北門郡將軍庄）、目加溜灣（Ba-cluan 新化郡安定庄）、麻豆（Matau 曾文郡麻豆庄）、人目降（Tavokan 曾文郡大內庄頭社）等四社蕃也以布類（Cangan）爲誘餌開始交易。他們起初很歡迎，後來受移民煽動對荷蘭人產生戒心，利卡事件發生後甚至露出敵意。

一六二九年，荷蘭兵五十二名爲追捕從事走私貿易的移民進入麻豆社，反遭慘殺。一六三四年，麻豆社和蕭壠社反目，新港社幫助蕭壠社，因此發生新港社蕃六十三人被麻豆社蕃殺害的事件。新港社蕃是荷蘭人的親信。翌年荷蘭人派爲數五百名的大部隊攻擊麻豆社，把來不及逃走的二十六個婦孺老幼殺死，放火把部落燒光。麻豆社蕃走頭無路只好屈服乞降。

翌年，荷蘭人又派兵討伐蕭壠社。蕭壠社蕃畏懼之餘，交出酋長和以前殺害荷蘭人的六個犯人，向荷蘭人投降。荷蘭人爲了離間蕭壠社和新港社，當場讓新港社蕃砍掉這七個人的首級。

荷蘭人乘着餘勢向大武壠社（Tevoran 新化郡善化庄）示威，凱歌而歸遮蘭奢城。

爾後南北諸蕃陸續歸順，一六三六年二月，台南以北十五社，以南十三社，共二十八社的代表聚集在新港社，向荷蘭長官漢斯（Hans Puntmans）立誓服從。這個集會在一六四一年以後稱爲地方會議（Landdag），每年擧行，使荷蘭人對高山族能够完全而有效地控制高山族。

其間，侃第紐斯、由尼斯（Robertus Junius 一六二九～一六四三年）、格拉維斯（Daniel Gravius 一六四七～一六五一年）等熱心的傳教士擴大傳教地區，建教堂和學校，教化高山族子弟。

他們採用新港語做共通語言，創羅馬字，以新約聖經、信條、十誡等等爲教材。對荷蘭語的教學也努力以赴，甚至採取很進步的教學法——上課時間內禁止使用荷蘭語以外的語言。

蕃人前往荷蘭人所設教堂做禮拜

荷蘭人努力傳教的期間約二十年，據說由尼斯一個人施行洗禮的人數就有五千九百人之多，如果把其他三十名傳教士的也計算在內，數字將相當龐大。結果高山族心智大啓，甚至有人表示願意爲荷蘭人拋棄生命。郭懷一作亂（詳見後述）時，移民幾乎被這些高山族屠殺精光。

接受荷蘭人教化的高山族，在荷蘭人離開台灣後，仍給後代留下以羅馬字拼寫蕃語的手段，因此清朝統治台灣初期特別把他們稱爲「教册」(Kah-chheh)，視爲知識分子從優對待。

「習紅毛字，橫書爲行，自左而右；字與古蝸篆相彷彿，能書者，令掌官司符檄課役數目，謂之「教册仔」。……紅毛字不用筆，削鵝毛管爲鴨嘴，銳其末，搗之如毳，注墨漓於筒，湛而書之紙。

（摘自「諸羅縣志」）。讀這一段記載，對於愛用蘸水鋼筆的前輩倍覺親切，不禁莞爾。

移民和高山族立土地契約時，趁他們不懂漢字蓄意作假欺騙的情形不少。不過契約如果附帶以羅馬字拼寫的蕃語副本，欺騙就行不通。流傳後代的羅馬字文書中所見的年號多爲康熙（一六六二～一七二二年），雍正（一七二三～一七三五年），乾隆（一七三六～一七九五年），比較稀罕的及於嘉慶（一七九六～一八二〇年）。由此可知羅馬字在當時對於高山族而言等於現世福音。

5　開頭的蜜月時期

縱使高山族經過懷柔教化的結果，取得了有如荷蘭人後備部隊的地位，也是無法要求他們進行積極的價値創造的。當時高山族還在原始的社會之下，不知貨幣，靠貧困的自給經濟營生。他們懶惰而缺乏生產熱情。當轉口貿易一走上軌道，荷蘭人就着眼於利用廣濶的空間土地。

荷蘭人取得鄭芝龍的合作，把在飢荒和戰亂下戰慄不安的福建、廣東沿岸的流民運往台灣。這是使台灣開拓史加速前進的集體出洋。「巴達維亞城日記」在一六三一年四月三日項下有下面這一段記載：

「公司以船舶載運中國人一七〇人來台。還有千餘人要求搭船，因爲沒有餘地，不能輸送。長官覺得如果中國人有用，還可以考慮再派一、二條船舶。」

不指望搭乘荷蘭船，自己找便船前往台灣的難民一定更多。對這些移民，荷蘭人還用別的方法格外優遇。

「沒多久功夫，在前來的許多帆船上，我國人（荷蘭人）送衣服給來自支那的這些人，對他們奉承巴結，所以我國貿易的發展很有希望。」（摘自一九四二年一月發行，「民俗台灣」所載，連溫卿：「台灣民族性的研究（三）」）

所謂「貿易的發展」，是指由於移民的增加，對日本輸出的大宗貨物如鹿皮、砂糖有希望增產而言。從中國方面的資料也能够窺知當時的狀態：

「崇禎中（一六二八～一六四四年），閩地大旱。芝龍請巡撫熊文燦以船徙饑民數萬至台灣。人給三金一牛，使墾島荒。時芝龍已去台灣，而荷蘭專治市舶，不斂田賦。故荷蘭兵二千踞城中，流民數萬屯城外，耦俱無猜。島荒甫闢，土膏墳盈，一歲三熟，厥土惟上上，漳泉之人赴之如歸市。」（摘自一八六二年刊行，徐鼒著「小腆紀年」）

激增的移民如何安排，對於荷蘭人而言是很要緊的問題。在土地方面實施的就是有名的王田制。也就是所有土地均為公司所有，在下面勞動的農民視為佃農。佃農對公司要繳納百分之五到百分之十的田租。其實王田制只是把荷蘭本國現行的封建土地所有形態拿來適用。這是一種強制性集體開墾。搬到墾荒地區時，他們從荷蘭人那裡借得農具、耕牛、經營資金，並由荷蘭人替他們開鑿埤圳，保護他們免受蕃害。

荷蘭人對移民中的有力人物授與權限，讓他們建立一種自治組織，把透過地方會議控制蕃社的原則也適用於此。

到了清朝，姚瑩具體描述其內容說：

「地方數十里，墾田數千甲（「甲」這個單位是荷蘭人的遺物，約當一公頃或二、九三四坪。清朝對這個單位感到無法接受，好幾次想改爲大陸的畝頃制，但都失敗。），用佃多者殆將萬人，紛紛烏合，苟無頭人經理，不但無從約束，且工本何出。昔蘭人之法，合數十佃爲一結，通力合作。以曉事而貲多者爲之小結首。合數十小結中擧一富強有力，公正服衆者爲之首，名曰大結首，有事官以問之大結首，大結首以問之小結首，然後有條不紊。（摘自姚瑩：「東槎紀略」所載「埔裏社紀略」）

大結首——小結首——佃農，這種經濟上和社會上的階層，形成台灣特有的封建社會，限制了以後的發展。

6　荷蘭統治下的台灣社會

台灣農村具有代表性的景致，是水牛嚼着甘蔗葉子悠然步行。一九六四年，有四十萬頭以上的耕牛飼養在八十一萬戶的農家。台灣由於各種因素，機械化遲遲不前，牛是農業的原動力。如果說以前的台灣沒有牛，大概會有很多人驚奇。

傳敎士格拉維斯在一六四四年到一六五一年之間，自印度購入一百二十一頭黃牛，從這個時候起台灣才出現牛。其後荷蘭人在南北設兩個牛頭司，致力於牛的繁殖。無法馴服比較兇猛的則放其野生，因此清朝初期野牛繁衍成群，數以千百計。耕牛的使用，給向來只靠一把鋤頭效率很低的農業開創了劃時代的局面。

順便一提，水牛是清朝以後從大陸輸入，基於其特性，主要役使於搬運重物。馬似乎和台灣的風土不合。台灣的開拓有許多方面類似美國西部的開拓，但看不到牧童騎着駿馬在廣大的原野奔馳的颯爽英姿。騎着水牛，讓帶蓬牛車前後啣接悠然而行，這是台灣的風景。

荷蘭人不只對在來的品種加以改良，還輸入許多新品種的蔬菜水果。例如荷蘭豆（豌豆）、番薑（辣椒）、番介藍（包心菜，最近稱高麗菜）、蕃茄（台南稱柑仔蜜）、芒果、釋迦果等等卽是，家禽類有鴿子，另外有蕃猪。

狩獵是荷蘭人比農業更重視的部門。現在來自台灣的旅客，到日本奈良看鹿，覺得很稀奇，以前的台灣，尤其嘉義臺中附近，和暹羅、高棉、菲律賓一樣，是鹿的有名產地。

鹿肉或者曬乾或以鹽醃，賣給中國當備荒的糧食。鹿的陽物——鹿鞭現在還通用爲強精藥的代名詞。

戰國時代的日本，鹿皮是甲胄、囊袋類的材料，價格昂貴。有馬晴信、村山等安等人對台灣垂涎的理由之一，就是想直接大量而且廉價把鹿皮弄到手。荷蘭人靠鹿皮的對日貿易所獲的利潤，從百分之一百到百分之一百五十，極爲可觀。

狩獵雖是高山族的看家本領，畢竟無法滿足荷蘭人的需要，所以荷蘭人在這方面也得靠移民幫助。

鹿皮的集聚有兩個方法。其一是讓稱爲社商的承包商向高山族收購繳給公司，卽所謂贌社之制。

社商以布匹、香煙、鹽等日用品和高山族交換鹿皮。這個方法也是初期的移民避忌侵犯蕃界，自然想出來的辨法。但是高山族生性懶惰反覆無常，拿他們當對象，根本無法定計畫集貨出貨。移民的狩獵是許可制，由駐於各地的傳教士（荷蘭時代的傳教士掌有行政權、收稅權、司法權）發給執照。

捕鹿有兩種方法。一種就是架設以繩子或竹子製成的圈套，另一種就是挖掘大陷阱把鹿趕入裏面。每個圈套每月繳稅金一里亞爾（一里亞爾等於二•五盾。當時傭兵的薪水是三里亞爾。獵期是十月到翌年三月），每座陷阱每月繳稅金十五里亞爾。捕獲太多，剝皮時堆在下面的已開始腐爛，這種情形並不少見。在這種濫捕之下，鹿瀕於絕滅。

荷蘭人對漁民也課稅，每次出海捕魚課徵百分之十。漁民才是開發澎湖以及台灣的先驅。葡萄牙人把澎湖稱爲 Pescadores，意思就是「漁民之島」。根據荷蘭人的記錄，大概一年有一百艘帆船來自澎湖和大陸。

原則上漁船要先進入遮蘭奢城領許可證，然後前往南北海面作業，捕完魚後再度開回遮蘭遮城，照漁獲量納稅。

最多的魚是烏魚。魚卵加工成烏魚子，魚肉醃製，都向中國輸出。烏魚子現在仍是台灣名產。台南市一帶的烏魚子店，卽使模倣日本式的宣傳，打起「天啓某年創業，有三百年悠久歷史的老舖」之類的招牌，也不足爲奇。

除遮蘭奢（一六二四〜一六三二年內城竣工，一六三四年外城竣工）和布羅比殿奢（一六二五年）兩個城外，荷蘭人還營造了許多宏偉堅固的建築物——行政機關、倉庫、醫院、教堂、學校——

材料使用石塊、磚塊、石灰、木材、金屬。當地無法供應時，特地從大陸或巴達維亞運來。這是因爲荷蘭人也計算到，這些建築物和用竹子和茅草搭建的蓄屋或移民的小棚比起來，遠爲豪華，能給人以心理上的壓迫感。

配合荷蘭人的需要，木匠、泥水匠、石匠、裝具匠等工匠陸續渡海前來台灣。以荷蘭人和移民爲主顧，兜售日用雜貨的小本生意人也鳩集成群。又因爲沿岸航線的發達，經營舢板業者也應運而生，甚至於出現了雇工。

後來荷蘭人對各行各業的移民，一律課徵四分之一里亞爾到二分之一里亞爾的人頭稅。從事季節性漁撈的漁船水手也逃不掉人頭稅。

7 郭懷一之亂

開頭十幾年，荷蘭人歡迎移民來台並格外優遇，這是所謂蜜月期間。蜜月期間結束後，在荷蘭人來說，他們開始感到移民的潛在力量造成的威脅越來越大；在移民來說，他們對於荷蘭人日漸加強的管制和增稅，越來越感到憤懣不平，這也是在所難免的。

移民的貧困潦倒以獵戶爲甚。傳教士由尼斯，在一六四〇年十月二十三日的信中提到：有許多連執照費都付不起的貧苦移民，以還沒有弄到手的鹿皮做抵押向他借錢，而且訴苦說如果不借錢給他們的話，將被迫每月付出四～五%的高利，向其他移民告貸。

有一些移民違禁打獵捕魚或走私，進行消極的反抗。荷蘭人隨時發現隨時處以極刑。最後一任的荷蘭長官揆一王（Frederick Coyett）著有「被忽視的台灣」（一六七五年在荷蘭出版，有日人谷河梅人的翻譯本）一書，說明放棄台灣的始末，其中提及在郭懷一作亂之前，移民曾「向公司陳訴，有人因其壓迫而備嘗辛酸，呼籲給予漢人以同等權限。」

一六五二年（順治九年，永曆六年），郭懷一發動的叛亂，是後來台灣人發動的無數大小叛亂的先驅，也是台灣史上值得大書特書的一大事件。

郭懷一原是鄭芝龍的部下，鄭芝龍受明朝招撫後，他和何斌（後述）留在台灣孤軍奮鬪，分別擁有二、三千人的力量。他們兩人在赤崁南方不遠的二層行溪一帶扎根，何斌開墾北岸，郭懷一開墾南岸。郭懷一被衆人推爲甲螺（首領 captain），橫行於附近一帶，荷蘭人實施王田制後，他被任命爲大結首。

郭懷一對荷蘭人的橫暴夙極憎恨，終於在一六五二年九月七日，糾集其手下徒衆於家中，用酒激發他們說：

「諸君爲紅毛所虐，不久皆相率而死。然死等耳，計不如一戰，戰而勝，台灣我有也。否則亦一死。唯諸君圖之。」（摘自連雅堂「台灣通史」）

在座衆人非常感奮，表示贊同。於是計畫在中秋夜以設宴賞月爲藉口，邀請赤崁城的主子——荷蘭人參加，在宴席上把他們殺掉，然後僞裝送客衝入城內。

不料郭懷一的弟弟和普仔（Pouw，是遮蘭耆城附近的移民中的有力人物）兩人心生怯意，偷偷逃到遮蘭奢城告密。第十任長官費爾布克（Nicollai Verburg）半信半疑，先派偵察隊到郭懷一的部落去。郭懷一快了一步，已經發現有人背叛，倉皇之下糾集了一萬六千人，攻向布羅比殿奢城。

荷蘭守兵在沒有準備的情況下寡不敵衆，四下逃散，郭懷一輕而易擧地把城攻陷，屠殺了赤崁地方的荷蘭人一千數百人，在城內放火大肆破壞。

翌日，費爾布克派出一百二十名荷蘭兵，兩軍在台江西岸對峙一星期之久。好不容易動員的兩千名高山族士兵趕來援戰。他們由荷蘭人供應精銳的火器，以獲准公然獵取人頭姿態，奮勇當先。沒有充分準備的移民軍隊，除了少數火槍外，只有鋤頭、犁、竹槍、棍棒，當然無法對敵，一千八百人一下子就被殺死。郭懷一也在這裡戰死，副將 Louegua 被俘，後來被處以炙刑，屍體拖着遊街，最後還梟首示衆。另外兩個隊長被五馬分屍。

移民軍隊群龍無首，一窩蜂逃到二層行溪畔的根據地，固守南岸。高山族有人知道什麼地方水淺，引導荷蘭軍渡河。移民軍隊四面楚歌，在歐汪（大湖）奮戰七天七夜，只有部分殘軍脫出重圍，但最後也被逼到岡山東面，悉數被殲滅。

在這次叛亂中，被殺害的移民包括男子四千人和婦孺五千人（台江西岸戰死者不包含在內），所謂「漢人在台者，遭屠殆盡」（「台灣縣志」），元氣大傷。相反地，荷蘭軍隊沒有一個人戰死（据瓦倫丁（Francuis Valentyn）著「新舊東印度」（台灣銀行發行，「台灣經濟史四集」所載，周憲文之論文所引）以及台灣省文獻委員會發行，「台灣通志稿　卷九革命驅荷篇」、連雅堂著「台灣通史」等書之記載）。

荷蘭人凶暴的眞面目，使在對岸等待機會希望移居的人們躊躇不前。勞動力激減而且難以補充，不但使截至當時發展得相當順利的台灣經濟轉趨式微，而且使荷蘭人風聲鶴唳草木皆兵，在傳說國姓爺鄭成功卽將進攻台灣的風言風語中惶恐不安。

1661年鄭成功驅逐荷
蘭人，確立統治權

第三章
國姓爺的明暗兩面
——鄭氏時代
（一六六一～一六八三年）

1 酷似國民政府的鄭氏政權

鄭成功驅逐荷蘭人，成爲台灣的統治者，不論中共或國民政府，在今天都歌頌他是「民族英雄」。在中共來講，鄭成功是把台灣從夷狄手中「解放」出來的英雄；在國民政府來講，鄭成功是「反攻大陸」的精神上的化身。

一般的台灣人對鄭成功抱着什麼看法？他被奉爲「開山王」，這個尊稱的意思是「開拓台灣的始祖」。清朝看到移民對鄭成功有很深的追慕之念，就在一七〇〇年（康熙三十九年）恢復他的名譽說：「朱成功（明朝賜姓朱，國姓爺之稱由來於此）係明之遺臣，非朕之亂臣賊子。」

如衆週知，鄭成功到台灣第二年就去世，鄭氏時代前後有二十三年，由此看來，鄭成功的治世過於短暫。鄭經在位十九年的政策措施反而具有重大的意義。

雖然如此，台灣人只知道鄭成功，對鄭經和其孫鄭克塽並不瞭解。因此，對鄭成功追慕之情，大概包含許多同情弱者的成分在內。在台灣人的歷史上，鄭成功個人的吸引力和他所建立的鄭氏政權的本質完全是兩回事，這一點必須瞭解。

鄭氏政權和現在的國民政府有很多類似的地方。一貫奉明正朔和國民政府主張自己是中國的正統政府，主旨相同。由此必然採取「反攻大陸」的國策，強迫台灣人犧牲以便奉行這個國策。驅使現在的台灣人向他們一無所知的大陸發動戰爭——鄭氏政權也有這種不合理的現象。移民爲大陸的飢荒和戰亂所迫，好不客易來到台灣。他們看到向南北延伸遼濶肥沃的原野，對明天滿懷希望。「反攻大陸」在他們聽起來，一定覺得跟自己毫不相干。

和國民政府一樣，對於鄭氏政權來說，「反攻大陸」成功的可能性連萬分之一都沒有。他們唯一的生路就是和土着的台灣人携手合作，在台灣建設新的國家。里斯曾有下面的立論：

「上天若使海盜朝廷，讓在台灣島不蓄辮子的古代中國人的遺孽，得以維持純粹的對外貿易，也許會產生史家最感興趣而且是東亞近世史上值得大書特書的現象。但黨臣留傳的思想和特別是近年移居的明朝遺臣的要求，終於使其無法成事。因爲他們這一幫人反對建立背離祖先廟堂──中華帝國來和西班牙、荷蘭、英國人和平共存的野蠻帝國，他們還期望讓舊王朝的遺王至少繼承台灣島的王位，以待光復祖宗的帝國。……」（摘自前引書，吉國藤吉譯「台灣島志」一一五頁）

對執迷不悟的難民心理和難民政權註定的命運言之中肯，富於啓示。

2　逃到台灣的經過

鄭成功的腦子裏起初並沒有台灣。對他來說，進攻台灣只是迫不得已的手段。一六五二年，郭懷一作亂，移民和荷蘭人進行決定命運的一戰時，他剛攻下海澄，灌注全部心力於長達六個月的漳州城包圍戰。六年後，也就是一六五八年（順治十五年、永曆十二年），他擧所有兵力二十三萬人北上攻打金陵（南京）作孤注一擲，喫了致命的敗仗。由於這次戰敗，他才想進攻台灣，但聽說荷蘭人防備嚴密，台灣又是瘴癘之地，因此躊躇不決。恰在其時，荷蘭的通事何斌携帶詳細的海圖逃抵厦門，向鄭成功陳說台灣如善加開拓足與大陸抗衡。

一六六一年（順治十八年、永曆十五年）四月，鄭成功讓鄭經率部分軍隊留守厦門、金門，親自率百餘艘船艦載士兵二萬五千名，踏上征途。這是名符其實最後的一戰。艦隊經澎湖島，抵達鹿耳門外，避開遮蘭奢城扼守的南ロ（一鯤身島和北線尾之間），從偏道北ロ（北線尾和加老灣之間）攻入。荷蘭人沒想到有這一招，大爲狼狽。這完全歸功於何斌辛辛苦苦勘測的海圖。移民歡天喜地，以小船牛車幫助鄭軍登陸。台江被控制後，布羅比殿奢城立刻陷於孤立，鄭成功下招降書說：

「此地乃我先人故物，今所有珍寶聽而載歸，地乃還我，兵始罷。」（摘自「台灣府志」）

從某個角度來看，這句話很不合情理。在鄭成功看來，難道台灣只是由鄭芝龍一個人的力量開拓？許許多多的移民的存在價值如何評價？就是荷蘭人應該也可以主張自己有相當的權利。以前絲毫沒有表示過關心，到這個時候才說這種凈打如意算盤的風涼話。

布羅比殿奢城不久就開門投降，據守遮蘭奢城的荷蘭長官揆一王則指責鄭成功蠻不講理出兵攻擊，聲稱荷蘭人將打到最後一兵一卒，拒絕投降。揆一王把剩下的兵力集中於遮蘭奢城，一方面向巴達維亞的總公司求援，一方面在各地蕃社動員，想從背後攻擊鄭軍。巴達維亞的總公司在揆一王十萬火急的催促下，好不容易派出一支援軍，不過爲時已晚，發生不了作用。趕往蕃社活動的人員，在各地被移民攔截，這個計劃也成爲泡影。只有大肚蕃（大肚溪附近）的阿狗德讓，不但兩次擊退前來討伐的鄭軍，而且馳援荷蘭人，在途中遇伏被殺——江日昇的「台灣外記」有這一段記載。

荷蘭人投降後，鄭成功率軍隊到新港、目加溜灣、蕭壠、麻豆等蕃社示威巡視。鄭成功離開赤崁之地只有這一次。由此可見鄭成功對高山族費過心神。這些平埔蕃不久就被同化或被迫移居內陸。從這個過程來看，高山族在荷蘭時代似乎比較幸福。

一六六二年二月，彈盡援絕的荷蘭人和鄭成功之間簽訂的和約，是很紳士的君子協定，並非勝利者君臨失敗者，而是站在轉讓者和承讓者的立場。除公司的財產以外，荷蘭人獲准帶走所有私有財產和船隻航行到巴達維亞所需的糧食、雜貨、武器彈藥，而且可以奏樂堂堂離開。

攻陷布羅比殿砦城後，鄭成功立刻推行新政，以赤崁之地為承天府，置府治，北路設天興縣（縣治佳里興），南路設萬年縣（縣治左營）隸屬之，等到荷蘭人投降後，祭山川神祇，將全島改稱東都，以一鯤身島為安平鎮，自己住在遮蘭砦城（改稱赤崁城）內執政。當時移民覺得中國式的政治機構比荷蘭人的能夠接近。

3　鄭氏統治的本質

但鄭成功很快就向官兵下了一道告諭，大意是這樣的：本藩（他用藩主這個稱號）希望在各位的協助下開發建設台灣。因此各位有確保住宅田園，留給子孫的必要。承天府和安平鎮所屬文武百官，除在此地興建各自的官府營房外，准許按照家眷的多寡取得所需土地，永為世業。二縣的文武百官也可以各在當地照這個辦法做。但不可以侵犯蕃人和人民現有的耕地。文武百官應先申報土地的位置和

鄭成功

面積然後開墾。人民必須申報現有的耕地，取得認可。如有違法情事卽予沒收，嚴加懲處。

有名的屯田制就是基於這個精神。雖然警告不得侵犯蕃人或人民的土地，可是要期望餓狼一般的軍隊公正是很難的。直截了當地說，這個告諭准許——不，應該說獎勵土地的侵佔掠奪。它不能和荷蘭時代的王田制相提並論。王田制僅止於公司在形式上的所有權，鄭氏時代的文武官田、營盤田則意味著建立廣泛的土地私有化佔有權（參閱一九四二年五月發行，「民俗台灣」所載，連溫卿：「台灣民族性的研究（六）」一文）。

保障這個過程的是強力的獨裁機構——軍事上的藩鎭制度。

現在移民看到自己所歡迎的鄭成功取代荷蘭人，成爲第二個統治者。更嚴重的問題是爆發性的人口增加。而且後來者站在統治者的立場，沈重地騎在頭上。

荷蘭時代末期，台灣的人口估計約有十萬人。緊跟着鄭成功所率二萬五千個士兵的後面，家眷五千人來到台灣。一六六四年（康熙三年、永曆十八年），鄭經又率六、七千士兵及家眷來台（據施琅的奏疏）。

光是見於記錄的這兩次就達四萬人左右，一下子增加百分之四十。另外在沿岸各島招聚運往台灣的「閩粵無賴子弟」也不少。增產糧食和擴充兵員是鄭氏政權的至上要求。

台灣是跨溫熱兩帶，橫亙於大洋中的孤島，內部有崇山峻嶺蜿蜒起伏，瀰漫著山林地帶特有的過於潮濕的空氣，各種瘴癘蔓延爲虐，一直到近代還是聞名的不潔之地。它和越過一座山脈就是氣候溫和的加利福尼亞的大地完全兩樣。

台灣變成像今天這樣豐饒適居的島嶼，是不屈不撓的開拓者的氣魄征服了「地靈」（險惡的水土）的結果，但不可以忘記，日據時代以後的醫療衞生的發達發揮了直接作用。

前面已經提及，鄭成功對進攻台灣猶疑不決，理由之一在於對台灣水土的險惡心存恐懼。戰勝後要把部下的眷屬接來台灣時，厦門、金門等地就出現很哀傷的場面。「台灣外記」稱：「時台地初闢，水土不服，病者即死。故致各島搬眷，俱遷延不前。」

視台灣有如鬼域的心理，常使鄭軍因爲鷄毛蒜皮小事而出現大量的脫離者。清朝常優遇甚至於起用這些投降者（施琅就是好例子）。今天，國民政府反過來培植視大陸如鬼域的心理，防止脫離分子的出現。

參加第二批集體移民（一六六四年）的進士盧若騰，在當時所詠的詩中有「驚聞海東水土惡，征人疾疫十而九」這一句，他也來到澎湖島就病死。不，就連鄭成功和鄭經也都是三十九歲、四十歲，年紀輕輕就病死的。

鄭成功大概受到母親是日本人的影響，有潔癖，脾氣暴躁。這一點具體表現於甚至有冷酷之評的嚴格的軍紀中。承天府尹楊朝棟、天興縣知祝敬、斗給陳伍，卽因合謀在配給鎭兵的糧餉做手脚舞弊而被砍頭。部將吳豪也因搶奪人民銀兩匿藏糧食之罪被斬。鄭成功的心腹馬信進諫指出法律過於嚴苛，但未被接受。

恰當其時，鄭成功風聞鄭經在厦門和幼弟的乳母陳氏私通，大發雷霆，遣使帶四個木桶飭令把母親董氏（董夫人）、鄭經、陳氏以及私通所生嬰兒的首級帶回。董氏和鄭經有人庇護倖免一死。這個徹底的法治主義是維持鄭軍士氣的一大支柱。

鄭成功暴斃後由鄭經繼位，發生內鬨，有人以鄭經的醜聞爲藉口，想要在台灣擁立鄭成功的末弟鄭襲。鄭經雖然粉碎這個陰謀，却認爲不能安居，匆匆返回厦門，把精力消耗於對淸朝的拉鋸戰。

據守台灣，孜孜不倦努力經營的是，鄭氏三代無出其右的政治家陳永華。陳永華是福建同安人，從小就被稱讚有「經濟之才」。他認爲「十年生長，十年敎養，十年成聚，三十年眞可與中原相甲乙」，擬訂達成獨立的三十年長期計劃。

他親自巡視南北兩路，獎勵各鎭開墾，振興糖業幫助爭取外滙，敎人民燒磚，築鹽埕增加鹽的產量，豐富稅收。還建孔子廟，設學校，推廣敎育。

鄭氏時代開拓的地區，超過荷蘭時代很多。

(1)諸羅一帶。

(2)鳳山一帶。但不及於下淡水溪沿岸。

(3)水沙連（林圮埔、斗六）地方。部將林圮因此戰死。

(4)牛線（彰化）地方從北港進入開拓。
(5)竹塹（新竹）地方從大甲溪口進入開拓。
(6)北部則上溯淡水河，開拓部分地區。劍潭寺建於此時。硫磺山充作罪犯流刑地。
(7)瑯璚（恒春）地方從車城登陸開拓。

（摘自一九〇二年十一月發行，伊能嘉矩著「台灣志」）

「開山王」這個稱號，照理說應該由陳永華和孜孜不倦致力開拓的各鎮官兵分享才對。而致力於開拓台灣的這些人，當然可以稱爲台灣人祖先的一支。

在殖民地推廣教育的目的，不論何時何地，都是爲了替統治者服務。大家不能只攻擊日據時代的教育是「奴隷教育」。國民政府的「三民主義教育」和陳永華的儒家教育也是如出一轍。

陳永華的場合，當前的目標是從流寓台灣的明人子弟中培養出行政官吏。一般移民享受到什麼餘惠？清初作亂的移民有很多打著「復明滅清」的旗號，這是否可以算成果之一？既然沒有腦筋在推翻夷狄滿清的統治後提倡獨立自主，也就只好高喊復明。

應該一提的是流寓台灣的一群士大夫。下面列擧的個人經歷，說明他們並未和一般移民接觸。清代的台灣文化極爲貧乏，可以說等於沒有（據一九三一年三月發行，「續台灣文化史說」所載，尾崎秀眞：「清代的台灣文化」），可見這些士大夫沒有給台灣帶來學術文化上的影響。下面列擧數人，以爲紀念：

沈光文　名門沈一貫的族孫。官至太僕寺少卿。荷蘭時代漂流到台灣，鄭成功入台後甚獲禮遇。

清廷據台後，拒絕薙辮，歿於台灣。

盧若騰　前述。兵部尙書。在澎湖病死。

王忠孝　進士、戶部主事。和盧若騰共行，安抵台灣。不就仕途，借詩酒消愁，四年後死去。

李茂春　著述很多。抵台後結廬於永康里，稱夢蝶處，每日誦佛經自娛。台南法華寺卽其遺跡。

辜朝薦　進士、聞名北京的才俊。入台未幾而歿。

沈佺期　進士、都察院右副都御史。入台被召不仕，以醫藥助人。

4　鄭氏政權的內部矛盾

清朝看到鄭成功逃到台灣，立刻頒布遷界令，採取封鎖政策，想從經濟上使鄭氏屈服。而且一六六三年（康熙二年、永曆十七年），厦門、金門等大陸沿岸的根據地，被擁有十六艘船隻、二千六百名兵員，和清軍結盟的荷蘭艦隊攻破，鄭氏政權陷於最大的危機。爲了克服這個危機，陳永華取得鄭經的諒解，決定貿易立國的方針，強力推動。

和非律賓、暹羅、日本以及英國人立刻展開了廣泛的多邊國際貿易。例如英國東印度公司，卽於一六七五年到一六八〇年在台灣開設商館。對荷蘭人也提議不起恢復失地的野心，彼此和好貿易。鄭氏政權能支持二十三年之久，有賴於這個貿易立國方針之處甚多。

貿易立國政策使台灣比荷蘭時代更加速和大陸脫離經濟上的聯繫，這是理所當然的。新的客觀限制已經儼然橫亙於澎湖、台灣和大陸之間。

對於移民來說，這個狀態値得歡迎，用不着悲歎。雖然只是曇花一現，他們的生活水準大爲提高，有記錄爲證：「且洋販之利歸於台灣，故尙奢侈，競綺麗，重珍旨，彼此相倣」（摘自黃叔璥：「台海使槎錄」）。

可是對於統治階級來說，貿易立國應該是「反攻大陸」的前提。貿易立國雖是維持目前的政權所必需，但正如里斯也曾指出，鄭氏政權以明朝的正統自居，却必須和夷狄平等往來，這是莫大的屈辱。（中國的朝廷一直到淸末爲止並無國際貿易的觀念。有的只是和「朝貢」相對的「下賜」。）

推動這個政策的陳永華也不可能甘於「台灣獨立」，但一六八〇年（康熙十九年、永曆三十四年），他一死，政治實權就落到堅持「反攻大陸」的馮錫范和劉國軒一派手中。鄭經厭倦於政治，對將來失去希望，政務交給母親董國太和長子鄭克壓處理，自己在洲仔尾（鄭仔寮）營建廣大的別墅，日夜荒淫作樂，翌年病死。

遺位當然應由長子鄭克壓繼承。鄭克壓是陳永華的女婿，年僅十六歲，怜悧果敏，深得董國太寵信。但是馮錫范、劉國軒等反陳永華派陰謀廢克壓，擁立其弟克塽。他們散佈謠言說克壓是螟蛉子，父親以殺猪爲業。董國太對克壓的寵信一擧發生動搖，坐視克壓被族人慘殺。取而代之的鄭克塽是馮錫范的女婿，當時僅十二歲，昏庸懦弱，政治被馮錫范一幫把持。

5 抗戰乎和平乎

中共把金門、馬祖留給國民政府，清廷則拼命攻佔鄭氏在沿岸的根據地。這是由於中共採取把台灣當做中國的內政問題這個立場，而清廷則將台灣視爲外政問題處理，二者態度不同。如果在台灣海峽劃一道界線，就沒有「解放」台灣的藉口，所以中共才留下象徵紐帶的金門、馬祖，清廷則希望在台灣海峽劃下界線，拼命攻佔沿岸的根據地。

清朝這種態度，很容易瞭解。崛起於東北寒荒，能够席捲中國大陸已經喜出望外、又何必自找麻煩和傳統上不屬於中國版圖的台灣搭上關係？何况建國不久就發生三藩之亂，政府的基礎尙未鞏固。

清朝好幾次向鄭氏政權提議和談。起初採取以胡服蓄辮爲條件的招降方式。蓄辮是滿族固有的風俗，男子剃掉兩側的頭髮，只將中央部分留長，編紮垂於腦後。日本人戲稱爲「猪尾巴」，據說甲午戰爭時曾利用來綁俘虜。佔據台灣後，日本人要台灣人剪掉辮子，台灣人認爲這是僅次於生命的重要東西，予以拒絕。但鄭氏時代則死也不肯蓄辮。這是證明陋習根深蒂固而又毫無意義的最佳例子。

鄭成功聽說沿海居民由於清朝頒行遷界令而陷於極其悲慘的處境時，歎息良久說：「吾欲留此數莖髮而累及桑梓人民」。還有渡海來台的明宗室之一寧靖王朱術桂，在鄭克塽向施琅投降時，目視五妃殉死後才自縊身死。他留下辭世之詩云：

艱辛避海外

總爲數莖髮

於今事已畢

祖宗應容納

「數莖髮」，莫言其愚，實際上是鄭氏三代抗清二十三年的精神上的支柱。

清朝對這股精神力量感到棘手，最後只好讓步。一六七九年（康熙十八年、永曆三十三年），清朝向鄭經提出最後的和談條件：

「自海上用兵以來，朝廷屢下招撫之令，而議終不成。皆由封疆諸臣執泥削髮登岸，彼此齟齬。台灣本非中國版籍，足下父子自闢荆榛，且眷懷勝國，未嘗如吳三桂之僭妄。本朝亦何惜海外一彈丸地。不聽田橫壯士逍遙其間乎。

今三藩殄滅，中外一家。豪傑識時，必不復思噓已灰之焰，毒瘡痍之民，若能保境息兵，則從此不必登岸，不必薙髮，不必易衣冠。稱臣入貢可也，不稱臣入貢亦可也。以台灣爲箕子之朝鮮，爲徐市之日本，於世無患，於人無爭，而沿海生靈，永息塗炭，惟足下圖之。」（平南將軍貝子賴答致鄭經之諭文）

但鄭氏堅持保有貿易據點海澄，談判未能妥協。

6 苛斂誅求達到極點

清朝於是下定決心討平鄭氏。閩浙總督姚啓聖擔任謀略工作，水師提督施琅從事作戰的準備。爲了應付清軍的進攻，鄭軍也嚴加防備。軍務大臣劉國軒親自坐鎭樞要之地澎湖。

鄭軍軍餉很差，士氣不振，向台灣頻頻催促補給。鄭克塽就和馮錫范商量，馮錫范說：「有土便有財。再勻派百姓車稅毛丁等類。」

劉國軒輾轉聽到這個消息，驚慌地表示：「當今百凡皆出民間，五穀不登，米價騰貴，百姓困苦極矣。若再爲搜括，恐人心動搖，則外侮立至。宜出內帑，或捐助，庶可萬全。」

鄭克塽又和馮錫范商量。馮錫范滿不在乎地說：「兵原以衞民，民自應養兵。今內帑空虛，百僚蕭條，不取之民，將何所出？」（摘自江日昇著「台灣外記」）

一六八三年（康熙二十二年、永曆三十七年）秋天，施琅率艦隻二百餘艘，兵三萬餘名踏上進攻台灣的征途。當前的敵人是一萬五千名由劉國軒指揮的鄭軍主力。經過一星期的激戰，鄭軍悉數被殲滅，劉國軒倖以身免，逃回台灣。馮錫范還高喊徹底抗戰，但清軍的內應陸續出現，鄭克塽知道大勢已去，表示無條件投降。

施琅沒有流血就佔領台灣，慰撫歸順的官兵，願意回大陸的準備船隻送他們回去，並貼出布告免除人民今後三年的稅金，力圖收攬人心。

「靖海紀事」描寫當時移民的心理，有下面這一段：「八月統帥入台灣。市肆不驚，耕耘如故。士民壺漿簞食以迎。皆遮道泣數行下，謂我等見公如父母，但恨晚耳。」

「靖海紀事」是對施琅歌功頌德而寫的書，措詞也許有誇大之處，不過移民在鄭氏的苛政下是如何水深火熱，可見其一端。

雖然如此，移民這一次也是被別人扭轉自己的命運，他們當中大概沒有人天眞得以爲今後自己的自由和幸福能獲得別人的保障。

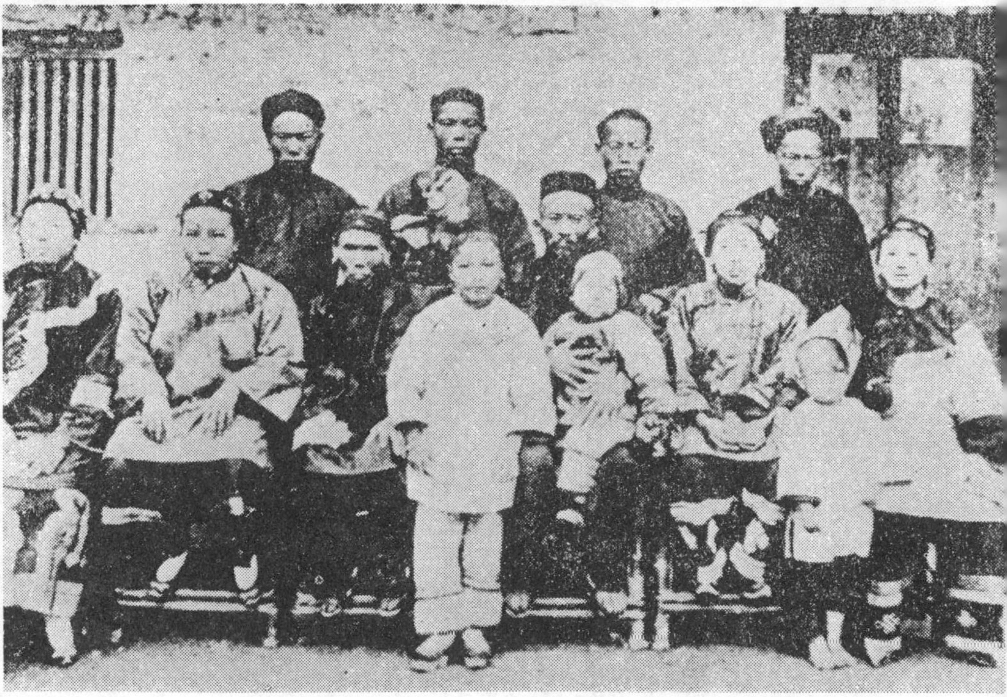

我們是台灣人

第四章 血汗的累積

——清朝時代（一六八三～一八九五年）

1 隔離危險分子

從向鄭經提出的和談條件可以知道，清朝對台灣的方針在於消除來自這方面的威脅。因此既然達成殲滅鄭氏的目標，內定的政策就是只留下軍事要衝澎湖，把台灣島上的移民全部送回大陸，放棄這個島嶼。

施琅知道這個消息大吃一驚，列舉許多理由——台灣是守備澎湖不可缺少的背倚之地；把二十五萬移民強制送回大陸過於輕率；即使這樣做，如果荷蘭或其他國家再度佔領台灣，威脅並不會減少——力諫其不可行。

由於施琅本人提出這個主張，清朝才不情不願地決定把台灣列入版圖。一六八四年（康熙二十三年），在福建省之下設台灣府，轄台灣（包括澎湖）、諸羅、鳳山三縣，行政機構只不過沿襲鄭氏時代。

但清朝對移民的壞印象無法消除，移民全部被視爲危險分子，如何嚴加管理成爲治台的根本方針。清朝立刻公佈「台灣編查流寓例」，對「流寓者」加以種種的限制。單身沒有職業的稱爲「逐回過水」，強制遣返大陸的原籍地，對於今後想前往台灣的，設「三禁」嚴加限制。

(1)欲渡航台灣者，先給原籍地方照單，經分巡台厦兵備道稽查，依台灣海防同知審驗批准。潛渡者嚴處。

⑵渡台者不准攜帶家眷。業經渡台者，亦不得招致。

⑶粵地屢為海盜淵藪，以積習未脫，禁其民渡台。

這裡特別要注意的是三禁最後一項對客家的歧視。有人說這是出於施琅的私怨。施琅是福建省晉江縣人，他跟先當海盜後來幫助鄭軍的潮州地方客家作戰，吃了不少苦頭。

不過移民中客家人比福建人更多橫暴之徒，似乎也是事實。平定朱一貴之亂（一七二一年），而且在後來的經略上大展雄才的藍廷珍的幕僚藍鼎元（福建省漳浦人），描述當時客家移民的生活，其中有這麼一段：

「廣東饒平、程鄉、大埔、平遠等縣之人赴台傭雇佃田者，謂之客仔。每村落聚居千人或數百人，謂之客莊。客莊居民朋比為黨。睚眦小故，輙嘩然起爭，或毆殺人匿滅其屍。健訟，多盜竊，白晝掠人牛鑄鐵印重烙以亂其號。凡牛入客莊，莫敢向問；問則縛牛主為盜，易己牛赴官以實之。官莫能辨，多墮其計，此不可不知也。」（摘自「平台紀略」所載「與吳觀察論治台灣事宜書」）

客家的「客」意指和主人相對的客人，也就是外鄉人，在大陸就有這個稱呼。不論客家、福建人或廣東人，同屬漢族毫無疑問。只因定居華南的時期晚了一些，就被套上這個稱呼，受到輕視。他們因為人數少，特別團結，有特殊的風俗習慣和語言，而且好鬪，這也助長了別人對他們的戒心和輕視。這等於主張先有鷄或先有蛋，無法下定論。

渡台的限制解除後，有許多客家移居台灣，但因條件較佳的地方都被福建人捷足先登，只好懷恨進入丘陵地帶開墾。開拓過程中，他們不斷和福建籍移民反目爭鬪，勢所難免，這一點又被統治者利用於分化統治，給彼此帶來損失。

清朝唯恐台灣移民的增加繁榮會對大陸形成威脅。使清朝不得不轉而積極經營台灣的，是一八七四年（同治十三年、明治七年）西鄉從道的所謂征台之役，在此之前長達一百九十年的隔離政策的理想，是把移民放置於活也無法活，死也死不了的環境中。

而且，爲了預防萬一，對頂多不超過二十五萬的移民，派海陸一萬名士兵駐守。當時的台灣號稱一府三縣，其實只有以台南爲中心的南北兩路，而中央山脈的東半部，即所謂「後山」地區，視爲化外之地，置之不顧。統治地區如此狹小，可見一萬名駐屯兵不啻邊防重兵。

從台灣人的立場觀之，清朝時代的歷史，可以說是移民如何一面反抗清朝的隔離政策，一面擴大自己的力量的過程。

2　前赴後繼奔向台灣

渡台的限制，字面上有如金科玉律，其實還是有許多空隙可鑽，這是中國官場的通病。當官的只要送紅包，就會睜一隻眼閉一隻眼。

福建沿岸是所謂沈降海岸，彎彎曲曲，港口很多。台灣西海岸多淺灘，便於上岸。偸渡者不絕於途。當時的帆船，大的可載二十五、六人，小的可乘十七、八人。偷渡者如果是男子，就僞裝船夫，蒙混檢查人員的耳目。每艘船有七、八人是這種僞裝的船夫。如果是老弱婦孺，就藏在船底等處的暗艙內。專門安排偷渡的就是所謂「客頭」。

船隻由於超重或技術欠佳而遇難的情形，屢見不鮮。航海期間，如因錢財等事和船夫爭吵，就被推落海中毫不留情，黑話叫做「灌水」。隨便找個島，僞稱是台灣，騙偷渡者上岸，黑話叫做「放生」。在離岸尙遠的地方強迫下船，讓偷渡者在泥沙中掙扎，黑話叫做「種芋」。坐視偷渡者被海浪沖走飽灌海水，黑話叫做「飼魚」。

即使九死一生，好不容易到達台灣，一旦被發現，還是會遭到處罰，押回原籍。一七五八年（乾隆二十三年）十二月到翌年十月，被查獲的偷渡案件有二十五件，男女老幼共九百九十名，其中因爲溺斃而被收容的屍體，男女共達三十四具（據「台灣縣志」所載）。

單身沒有職業的，淸廷認爲最危險，一經逮捕就送回原籍地區，但最熱望渡台的正是這種人（所謂羅漢脚）。他們被送回去後，還是會再接再厲偷渡來台，新的偷渡者也源源不斷。謝金鑾在「續修台灣縣志」中所做的觀察，耐人玩味：

「……台地衍沃，以利咍閩廣之人。二百年來創始守業者，經營已盡。而傳聞者猶以爲樂土，紛至沓來，弗可止息。

邑居澎厦之衝，舟航所集，計程雖無過數百里，而風濤之險，性命爭焉。則其勢阻，儌天之幸，一帆乘利，刻日而至。無奔走之勞。偷渡者處處可登陸，則其勢又甚便。

夫阻則謹畏者不來，重厚者不來，有身家妻子者不來，士農工商卓然可以自立於內地者皆不來。便則無所依者必來，有所迫者必來，多所貪者必來，窘所施者必來。故乃惰遊失業，計無聊俚之徒，而或負罪逃奔，名在士師之籍，謂海外可藏奸，指此邦爲利藪。空拳虛橐，志佚願奢，手無技能，倚姦爲利，莫不躍身以東，飄風而至。若是者置之莊野，必不能安爲小人，厠之公門，適足以害夫良善，然則台灣爲不肖之所趨，其勢然也。」

道光年間（十九世紀初）在福建刻板印行的「歌仔册」（簡陋的說唱底本）中，有一首「勸人莫過台灣歌」，讀這首歌，能够體會到他們渡台的動機和途中經歷的辛酸，令人感傷。

在厝無路　　在家沒活幹
計較東都　　計較去台灣
直至海墘　　一路到海邊
從省偸渡　　和客頭討價
不怕船小　　不怕船兒小
生死天數　　生死天知道
自帶乾糧　　自己帶乾糧
番薯菜脯　　地瓜蘿蔔乾
十人上船　　十人上了船

九人嘔吐　　九人嘔吐忙
乞水漱口　　要水爲漱口
舵公發怒　　掌舵的發火
托天庇祐　　上天保平安
緊到東都　　快快到台灣
乘夜上山　　趁黑爬上岸
搜尋無路　　摸不清方向
遇賊相逢　　又碰到土匪
剝去衫褲　　衣褲給剝光
……

偷渡者冒着危險奔向台灣，這是因爲他們認爲在大陸無法維生，去台灣能够找到活路，實際上也找到了活路。

一六九五年，爲了到北投開採硫磺，前往台灣旅行的郁永河，在其著書「裨海紀遊」中，對當時台灣獨有的繁榮景象加以介紹，引人入勝：

「台灣縣卽府治，東西廣五十里，南北袤四十里。……秋成納稼倍內地；更產糖蔗雜糧，有種必穫。故內地窮黎，襁至輻輳，樂出於其市。……市中用財，獨尙番錢。番錢者，紅毛人所鑄銀幣也。台人非此不用。……曩鄭氏之治台，立法尙嚴，犯姦與盜賊，不赦。民承峻法後，猶有道不拾遺之風，市肆百貨露積，委之門外，無敢竊者。」

二十五年後，台灣的發展更令人刮目相看。藍鼎元以驚異的口吻寫的文章中，有這麼一段：

「前此（朱一貴之亂以前），台灣止府治百餘里。鳳山、諸羅皆毒惡瘴地。令其邑者，尚不敢至。今則南盡瑯璠，北窮淡水、鷄籠，以上千五百里，人民趨若鶩矣。前此，大山（中央山脈）之麓，人莫敢近，以爲野番嗜殺。今則群入深山，雜耕番地，雖殺不畏。甚至傀儡內山（南部山地）、台灣山後蛤仔難（宜蘭）、崇爻（台東北部）、卑南覓（台東南部）等社，亦有漢人敢至其地，與之貿易。生聚日繁，漸廓漸遠。雖嚴禁不能使止也。」（摘自「平台紀略」）

藍鼎元於是在一七二三年，劃出諸羅縣的一部分，在虎尾溪至大甲溪地區設彰化縣（縣治彰化），大甲溪至鷄籠地區設淡水廳（廳治新竹），擴充行政力量，一方面建議放寬形同具文的「三禁」政策。清廷不得已在一七三二年（雍正十年）准許福建籍移民挈眷。但是一七四〇年（乾隆五年）又下令禁止。因爲那時的狀態是「昔患土滿，今患人滿。」（「台灣縣志」）

試從下面具體的數字來看驚人的開發速度：

縣別	一六八四年	後來新墾	新墾或實際甲數
台灣縣	八、五六一甲 （田 三、八八五 園 四、六七六）	四、三一一甲 （一六八五～一七四〇年）	新舊合計 一、二三二一甲 （一七五五年）

鳳山縣	五、〇四八甲（田二、六七八　園二、三七〇）	六、七四〇甲（一六八五～一七三四年）	新墾 一〇三甲（一七四九～一七五九年）
諸羅縣	四、八四三甲（田九七〇　園三、八七三）	一二、二七一甲（一六八五～一七三一年）	新墾 四〇四甲（一七五〇～一七五九年）
彰化縣（一七二三年新設）	三七〇甲（自諸羅縣改轄 一四〇　新墾 二三〇）	一三、一七七甲（一七二三～一七三四年）	新墾 四、〇二六甲（一七五〇～一七五九年）
淡水廳（一七二三年新設）	不詳	九〇〇甲（一七二一年）	新舊合計 四、八一四甲（一七六二年）

（摘自一九五七年十二月發行，王育德著「台灣語常用語彙」八頁）

這個表是根據「台灣府志」裏面參差不一的記錄編製而成的，大致上可以看出下面若干事實。清廷據台初期，台灣縣的開發凌駕其他各縣，南路的鳳山縣略勝於北路的諸羅縣。但是在後來的開發中，諸羅縣躍居首位，尤其令人驚異的是，新設的彰化縣十二年內的成長，達台灣縣半世紀的成長的三倍。而且到一七五五年（乾隆二十年），台灣縣的甲數反而減少。這是因為當時遭遇所謂「水災圮陷」，部分田地因為水災和其他災害而致荒蕪。

和舊三縣比較，彰化縣、淡水廳的開發速度快得驚人。它說明了當時的趨勢：舊三縣已被荷蘭時代以後的老移民佔滿，新來者沒有插足的餘地，只好不斷向北方發展。

清廷再狠，爲這個大勢所迫，也不得不在一七六〇年（乾隆二十五年）全面解除渡台的禁令，同時廢除對客家移民的歧視。

3　開拓者的生活

台灣雖然比大陸有生活的保障，但「台灣錢淹腳目」（遍地黃金淹過足踝）的傳說根本就是誇大其詞。在急速的開拓發展的背後，究竟流了多少移民的血汗和淚水？

台灣話把鄉下叫做「草地」。台灣西南部平原，由於冬天是乾季的關係，野草長得跟人一樣高，遍地叢生，因爲這種自然景象，才產生這個稱呼。草地是鹿的最佳棲息場所。開拓就是開闢草地化爲田園。站在最前線的，是遠在政府保護之外的孤獨的開拓民，正如「鹿場半爲流民開」（一七一三年，北路參將阮蔡文的詩句）所形容。

藍鼎元對位居最前線的開拓村的狀況，曾有如下的報告：

「十八重溪在哆囉國之東，去諸羅邑治五十里。……今居民七十九家，計二百五十七人，多潮籍，無土著，或有漳泉人雜其間，猶未及十分之一也。中有女眷者一人，年六十以上者六人，十六以下者無一人。皆丁壯力農，無妻室，無老耆幼穉，其田共三十二甲，視內地三百六十餘畝。」（摘自「東征集」中的「紀十八重溪示諸將弁」）還提出了下面的統計報告：

「統計台灣一府，惟中路台邑所屬，有夫妻子女之民。自北路諸羅、彰化以上，淡水、鷄籠山後千有餘里，通共婦女不及數百人；南路鳳山、新園、瑯璚以下四五百里，婦女不及數百人。合各府各縣之傾側無賴，群聚至數百萬人，無父母妻子宗族之繫累，似不可不爲籌劃者也。」（摘自「平台紀略」中的「經理台灣疏」）

孤獨，無聊，不安，慾望不能滿足，而無法克制的話，不曉得會惹出什麼麻煩。因此藍鼎元一再上疏要求准許移民接眷。

先民獲稻圖

有資料足以證明藍鼎元的憂慮。一七三二年（雍正十年），吳福生在鳳山爲亂。他佔領岡山，僞裝要進攻府城（台南），實際上則向下淡水溪推進，攻擊萬丹。翌年被清軍擊破，吳福生及其手下二十餘名被俘，押解到福州梟首示衆。這二十餘人被審問時的簡單的供狀，現在還留着。試整理其內容，大致可以推測他們的生活環境。

姓名	年齡	職業	原籍	現住地（縣）	財產	親族
吳福生	38	無	平和	台灣	草房三、田二甲	子二
林好	62	無	詔安	鳳山	房屋五	無
吳愼	47	無	龍溪	台灣	草房四	弟一
楊泰	31	無	同安	台灣	無	弟一
許籌	23	無	同安	鳳山	草房六	無
黃賽	65	無	晉江	台灣	草房三、田一甲三分	無
謝倡	32	無	長泰	台灣	無	母一、妻一、子一（在原籍）
顏沛	42	風水師	澎湖	台灣	無	無
洪旭	55	行醫	晉江	鳳山	瓦房二	妻一、子一
商大慨	34	無	漳浦	台灣	無	母一
李誠	36	漁業	台灣	台灣	無	無
謝量	42	香煙行商	海豐	台灣	無	無
陳慶	22	無	台灣	台灣	無	弟一
邱鄂	37	無	海澄	台灣	瓦房二	母一
柯寧	55	無	同安	台灣	草房一	妻一
江連	49	無	同安	台灣	草房五	母一、女一、妻一、子三
蔡國	36	無	漳平	台灣	草房四、瓦厝三、田五分	父、弟、妻、子
莊玉	35	無	台灣	台灣	瓦房三、田五分、蔗園四甲	兄一、弟一

許　貴	24	無	同安	台灣	無	母一
楊　預	36	無	平和	台灣	無	無
陳　而	23	無	台灣	台灣	草房七、田五分、園三甲	父母、伯父、兄弟、妻子
鄭　堯	38	漁業	龍溪	台灣	草瓦房　二	母
李　棟	42	無	鳳山	鳳山	田　一甲	父一、母一、弟一、子一
李　却	40	無	台灣	台灣	無	無
林　連	39	無	長泰	台灣	房屋　一	母（在原籍）

（摘自一九五五年十一月發行，「台北文物」所載，春夢園叟：「吳福生之變」）

二十五名中沒有職業的佔二十名。有的人只有草房，有的人連草房都沒有。可以想像他們過的是輾轉流浪，候鳥一般的生活。除原籍爲台灣、鳳山、澎湖者以外，大概都是偸渡來台不久。在台灣沒有親族的有十名，卽使有親族也大多沒有妻子。

4　腐敗無能的淸廷官吏

騎在這些移民頭上的官吏，照理說應該深深自覺到自己的立場和責任，以同情和理解對待人民，偏偏來到台灣的儘挑些本質惡劣的壞蛋。

軍隊從福建派遣，三年輪調一次，原則上禁止在當地補充。他們平常泡在妓舘或大烟舘裏頭，叛亂一起則爭先恐後鼠竄，鎭壓常要借助於來自大陸的精銳部隊。

官吏大致上也規定任期三年，但正如土話所說：「三年官兩年滿」，他們一開頭就隨時準備開溜，哪怕是提早一年也好，希望趕快調回內地。自然而然地，他們因循苟且成性，只想存錢。俗語說：「衙門八字開，無錢唔免來」（唔免來＝莫進來），正是諷刺衙門紅包橫行的風氣。

負責監督台灣文武百官的福建巡撫，拼命粉飾表面上的太平，畏懼航海的危險和水土的險惡，不願駐在台灣，萬事任由當地的衙門處理。

福建在大陸也是貧瘠的邊緣省份，良吏有敬而遠之的傾向，台灣在福建省內更是背運的人才會找上門的窮鄉僻壤。道光末年（十九世紀中期）的分巡台廈兵備道徐宗幹曾環顧四週，撫然表示：

「各省吏治之壞，至閩而極。閩中吏治之壞，至台而極。然猶是民也，猶是官也。豈其無可治之民，無可用之官，而卒至束手無策者。一言以蔽之曰，窮而已矣。搶擄之罪生死未定，尚在後日。號寒啼饑，目前別無恒產，流至海外，更無家可戀。不能坐守餓斃，只可鋌而走險。是民以窮而不能治。聽之愈頑，殺之愈悍。」（摘自「斯未信齋文編」）

5 「三年小反五年大反」

正如伊能嘉矩一語道破，清朝兩百餘年的統治，實際上就是對移民叛亂的鎮壓和漫無計劃的按撫工作的歷史（據一九二八年刀江書院發行，「台灣文化志」上卷七五一頁）。光是有記錄可稽，規模較大的叛亂，就有下面這些：

年	次	主謀者	備考
一六九六	康熙三五	吳球	利用朱某圖謀復明
一六九九	康熙三八	呑霄蕃	苗栗地方
一七〇一	康熙四〇	劉却	自稱奉天命擧兵
一七二一	康熙六〇	朱一貴	七日而席捲全島
一七二六	雍正四	骨宗蕃	南投地方
一七二八	雍正六	八歹蕃	南部
一七二九	雍正七	山猪毛蕃	台南和高雄交界處
一七三一	雍正九	林武力學生蕃	大甲地方
一七三二	雍正一〇	吳福生	已述
一七三五	雍正一三	眉加臘蕃	大肚溪附近
一七七〇	乾隆三五	黃教	偸牛賊的首領
一七八六	乾隆五一	林爽文	天地會組織、前後三年
一七九五	乾隆六〇	陳周全	天地會組織、趁糧米騷動起事
一八〇五	嘉慶一〇	蔡牽	南洋的海盜、騷擾台灣沿岸、想建立根據地
一八〇六	嘉慶一一	洪回老	
一八〇七	嘉慶一二	宋濆	
一八一一	嘉慶一六	高夔	因迷信而起亂
一八二二	道光二	林永春	因樟腦利權的糾紛而起
一八二四	道光四	許尙	賣檳榔的

一八二六	道光　六	黃斗奶	和高山族聯合作亂
一八三二	道光一二	張　丙	起於糧米騷動
一八四四	道光二四	郭光侯	發端於租稅改革
一八五三	咸豐　三	李石、林供	受太平天國之亂影響
一八五四	咸豐　四	賴　唇	李石的殘黨
		黃　位	天地會組織、自大陸潛入
一八六二	同治　一	戴萬生	天地會組織、受太平天國之亂影響
一八七四	同治一三	陳心婦仔	趁日本征台之役起事
一八八八	光緒一四	施九段	起於清賦工作的弊端

這一連串叛亂，正如膾炙人口的俗諺「三年小反五年大反」（徐宗幹之言）所象徵，極爲激烈，當然不是單純的重演。以林爽文的叛亂爲分水嶺，大體上可以分爲兩期，前期正面提出政治上的目的，後期具有濃厚的經濟上的意義。前期的初期，特徵在於沒有組織，以復明爲口號。

典型的例子就是朱一貴的叛亂。一說朱一貴原爲鄭氏部將。他在台南東南方的窮鄉僻壤——羅漢門養鴨爲生。當時鳳山縣的縣知事出缺，由台灣知府王珍兼任。王珍耽於淫樂，只顧苛斂誅求。朱一貴以打倒貪官汚吏反清復明爲口號，揭竿而起，四方不斷有人呼應，移民的大軍七日而席捲全島。

叛亂擴大得這樣迅速，可以推想移民的反清情緒如何強烈。朱一貴被奉爲義王（亦稱中興王），建年號「永和」。移民的要求是正義、法治與和平。

到六十五年後的林爽文之亂爲止，按照計算，移民之間已有兩代的交替，其中也夾雜許多新移民。復明的意識當然已經淡薄，林爽文自稱「盟主」，已無專制君主的色彩，建年號「順天」，只凝視着現在的命運。

林爽文是台中地方的移民中的有力人士，爲官府所迫而起兵。特徵就是利用從大陸帶進來的天地會這個秘密組織來擴充勢力。在這裡打個岔，國民政府的學者認爲天地會是由鄭成功創設，首先就跟史實不符，想捧鄭成功，反而弄巧成拙。

據說，福建九連山少林寺僧在一七一八年（康熙五十七年）清廷征討西藏時曾立下大功，後來招致清廷的猜忌，受到壓迫，因此才潛入地下，組織天地會，是爲濫觴，有所謂「三六誓」「二一則」之類的迷信儀式和封建規律。

天地會是中國的封建社會所產生的純中國式的政治結社，其後盤踞在中國的黑社會很久。孫文革命時也不得不和這個組織攜手，上海鼎鼎大名的靑幫、紅幫卽係承其衣鉢。不僅如此，在背後支持國民政府的藍衣社、CC團等特務組織，本質上也屬於這種組織。

後期以經濟上的意義爲主的叛亂，無法像朱一貴、林爽文之亂那樣，規模及於全島。這是因爲當時整個島還沒有發展到經濟上的利害完全一致的階段。不過，叛亂的主謀者多爲地方的經濟領袖或知識階級。

林永春是宜蘭地方採伐樟木的承包商，爲了維護私人製造樟腦的利權起來反抗。郭光侯係台灣縣名望之士，由於淸廷把納穀制改爲納銀制使農民陷於困境，他就帶頭前往請願，結果被視爲叛徒。施九段是鹿港豪商，攻擊劉銘傳的淸賦工作做得太過分，被衆人擁立，起來作亂。

清兵鎮壓林爽文之亂

高山族的叛亂，純粹出於經濟上的理由。初期的叛亂，多因無法忍受貪得無厭的通事的剝削而起，到後來都是起因於開墾所造成的糾紛。

朱一貴和林爽文的叛亂，一度有控制大局之觀，後來爲什麼都慘遭失敗？研究這個問題，是台灣人不能忽視的重要工作。這裡因爲篇幅有限、無法詳論，必須指出的就是，當時移民缺乏明確而且一致的政治理想。

6 分類械鬪

清朝時代，移民爭奪土地的利己主義，在清廷官吏名之爲分類械鬪的醜惡的私鬪中表露無遺。分類械鬪就是劃分派系，使用武器打鬪。這是在貧瘠的閩粤爭奪土地和用水的習性被帶進台灣，而變本加厲的結果。

不過從荷蘭時代到康熙中期（十七世紀），跟

清兵鎮壓林爽文之亂

移民的人數比較起來，土地還很廣濶，所以沒有什麼顯著的爭鬪。移民通常投靠同鄉或同宗，由於人手不够，老移民很歡迎新來者，也肯加以照顧。

康熙中期以後，隨着移民偷渡人數的激增，土地的爭奪戰也就愈演愈烈。對立最尖銳的是福建人和客家人（俗稱福客爭），風俗習慣和語言截然不同，發揮了火上加油的作用。其次，福建人裡面佔兩大勢力的漳州幫和泉州幫之間（俗稱漳泉拼），規模較小的在不同姓氏之間，也有這種爭鬪。跟客家人對抗時，分屬漳州幫和泉州幫的福建人團結一致，漳州幫和泉州幫相爭時，客家人坐收漁利。有時還拉攏高山族展開三重、四重的混戰。

最典型的例子見於宜蘭地方的開拓過程。一七九六年（嘉慶元年），漳州幫吳沙得到官府的特別許可，招募漳州、泉州、客家的流民進行開拓，由於吳沙本身屬漳州幫，應募的流民中，漳州幫有千餘人，泉州幫兩百餘人，客家人只有數十人。

民間武裝力量「宋江陣」

土地的分配，自然而然地漳州幫有優先權，泉州幫分到少許，客家人根本分不到。泉州幫和客家人很不滿，向官府控告，但官府插不上嘴。

一八○○年，泉州幫和客家人之間發生衝突，泉州幫死傷甚衆，有意放棄土地逃往外鄉。漳州幫加以挽留，每人另外分給四分三厘（十分等於一甲）的土地，表示慰問。

一八○六年（嘉慶十一年），漳州幫和泉州幫在台北方面發生衝突，泉州幫打敗，很多人逃到宜蘭地方，當地的泉州幫予以庇護，向漳州幫報一箭之仇。

當時客家人和阿里賽社蕃，夙對漳州幫的橫暴懷恨在心，也幫助泉州幫，但是無法打敗漳州幫，結果好不容易得到的土地又被收回。

台灣有一句俗語：「蔡抵蔡，神主摃摃破。陳抵陳，舉刀仔相殘。」意思是說「姓蔡的跟蔡的碰上頭，連祖宗牌位都砸爛。姓陳的跟姓陳的碰上頭，就白刀子進紅刀子出。」這是對更趨嚴重的分類械鬥的情況——同姓宗親之間如果利害不一致也會流血殘殺——所做的諷刺。

現在的人看來，最無聊的就是西皮和福祿的衝突。始祖和樂器不同的這兩個民間音樂的流派，只因始祖和樂器不同就互相爭鬪。結果甲村流行西皮，就看不到福祿的影子，乙村流行福祿，西皮就三十六計走爲上策。

清吏沒有鎭壓分類械鬪的力量，只能警戒分類械鬪發展爲反政府的叛亂。實際上，分類械鬪發展成叛亂的例子很多。因爲收受賄賂的清廷官吏偏袒其中一方。

一旦變成叛亂，清廷官吏就公開招募「義民」進行掃蕩。叛軍如果是福建人，義民就是客家人，叛軍如果是漳州幫，義民就是泉州幫或客家人，叛軍如果是三種移民混合而成，義民就是高山族。義民的本質，說是假借效勞政府的名義圖謀私利的敵對者，也不爲過。

到日據時代，分類械鬪完全絕跡。分類械鬪是一種肆無忌憚的私鬪，只能存在於封建社會，在現代化的社會中沒有發生的餘地。即使發生，面對着強大的警察力量，也會被輕而易擧地鎭壓住，沒有人敢再搞私鬪。日本人不需要舊式的分化統治。交通的發達、經濟的發展和教育的普及，促使台灣人自覺到，自己在日本人面前屬於命運與共的單一共同體，自然養成去小異就大同的風氣。

7　福建的殖民地

儘管清朝當初採取隔離政策，台灣在中期以後就成爲福建不可缺少的殖民地，納入管轄。

一六八四年（康熙二十三年）登記的稻田只有七、五三四甲，甘蔗園一〇、九一九甲，合計一八、四五三甲（第七四、七五頁附表，台灣、鳳山、諸羅三縣合計）。爲了逃避比大陸高一倍的田賦，中報數字當然有可能低於實際數字，不過我們可以推測，實際上鄭氏時代末期，由於徵召兵員而造成勞動力的不足，開拓陷於停頓，而且放任荒蕪的田園大概也不在少數。

耕地本就很少，其中稻田比甘蔗園還少。這固然因爲種稻比種甘蔗費事，一方面也因爲在地理條件上，濁水溪以南種甘蔗比種稻適合。

而且荷蘭人把重點放在製糖。鄭氏時代爲了爭取外滙也致力於製糖業，所以製糖爲主稻米爲副的趨勢相當明確。但鄭氏時代末期，由於人口增加和軍事上的需要，開始獎勵稻作。鄭氏滅亡後，稻米的需要減少，蔗糖利潤高，蔗作再度抬頭。

清朝基於治安上的理由，對台灣的糧食情況感到憂慮，除獎勵稻作外，禁止將稻米運出島外。台灣農業的命運——米糖相剋，在台灣開拓之初就已存在。

稻米的增產，供應爲數不多的移民和駐防兵的需要，綽綽有餘。另一方面，台灣隸屬的福建，儘管康熙、雍正、乾隆三代號稱太平盛世，仍爲慢性饑荒所苦。清朝爲了使台灣成爲福建的米倉，改變治台方針。渡台限制獲得緩和，也是爲了增加勞動力。

如今台灣已成福建的殖民地。從貧苦的移民所用的粗布、農具、粗糙的陶磁器，到富裕的移民所用的綢緞、傢俱、日用雜貨、鎮江和紹興的高級酒，無一不從福建輸入。這些東西售價奇昂，比大陸貴一倍。

想利用當地資本振興生產工業，却被輸入品的傾銷斷了命根。商人用所賺的錢大量採購米、糖、樟腦等特產，轉售大陸，往返博取暴利。

清末的鹿港

商人有同業公會組織，叫做「郊」，壟斷台灣府城、鹿港（一七八四年指定）、艋舺（萬華，山地語獨木舟之意。一七九二年指定）等港埠。歷史最久而且有名的是台灣府的三郊。

三郊指專門從事華北貿易的北郊、從事華南貿易的南郊以及從事島內各港貿易的港郊。移民叛亂時，這些郊通常幫助政府，或是招募義民或是籌措軍費。

出口米由移民透過郊商，以正當價格出售，除按一般商業基準和大陸交易之外，被徵收抵繳田賦這一部分，所佔數量相當驚人。

以一七二九年（雍正七年）爲例，田賦是一六九、二六六石，其中留下台灣駐防軍十五營所需的軍用米八九、七三〇石，剩餘的必須繳往大陸。繳納部分包括稱爲「台運」的軍用米和稱爲「平糶米」的民間救濟米兩種，由郊商的船隻負責運輸。當時的台灣航線是一種指定航線，開回大陸的船隻有載運數百石米的義務。民船不够用時，由政府派專船載運。

試觀「台運」的詳細內容，例如一七三一年（雍正九年），金門、廈門守軍用米一二三、九五二石，台灣駐軍在大陸眷屬用米二三、二六〇石，福建巡撫直轄部隊用米一五、五七〇石，小計共六一、七八二石。「平糶米」運往福州、興化、泉州、漳州四府，計一二〇、二八七石，總共一八二、〇六九石。這個制度從一七二五年（雍正三年）一直繼續到清末。

這些數字，在台灣稻米總產量中佔多少百分比？試從別的統計數字觀之。一七四一年（乾隆六年）的總產量一百餘萬石。「台運」六萬一千餘石，「平糶米」十二萬餘石，臨時性收購十萬餘石，合計二十八萬餘石，另外商業交易和走私估計約二十萬餘石，總共約五十萬石。照這樣計算，台灣的米有一半運往大陸。剩下的一半，不但要養數十萬移民，而且台灣駐軍用米也必須從其中勻出。

台灣雖是膏腴之地，「有一年豐收，可吃四五年」，但也經常遭遇颱風、乾旱、飛蝗的災害，移民的生活不像在大陸想像那樣舒服。不僅如此，有許多移民極爲貧窮，才會時斷時續地出現叛亂。

一八八二年（光緒八年）到一八九一年（光緒十七年），台灣北部反而不得不從大陸輸入米，一年平均數萬石。這是台灣北部人口激增，加上連年歉收造成的結果。在這一段期間，南部照樣向大陸輸出米。這個現象乃因政治落後和交通不便使整個島無法發展成一個經濟單位。不過當前的理由則是：利用外國（以英國爲主）發達的輪船運輸，從島外運米進口，比來自台灣南部的帆船運輸方便而且經濟。

但是稻米的生產在清朝時代始終有增無減，原因在於開拓面積增加，而非單位面積產量增加。耕種方法、水利設備、品種改良和肥料並未加以研究，只不過因爲產量超過人口，所以有餘力向大陸輸出。

稻米生產的基礎——土地制度，大致分爲兩種。一種是封建身分制度的土地佔有，一種是披着封建制外衣的近代土地佔有。

前者是官莊（政府所有的田園）、莊園（鄭氏舊部屬等所有的田園）、屯田（命熟蕃在蕃界開墾的田園）、隆恩田（軍隊在蕃界開墾的田園）；後者稱爲民有地，是移民和平埔族自力開墾，自己所有的土地。

在面積的比率上，前者佔絕對多數。但是以雍正、乾隆爲轉捩點，封建身分制度的土地佔有形態，慢慢加速轉變爲近代佔有形態。主要是因爲封建的土地佔有者——叫做墾戶或業戶——以徵收大租（通常一成）爲條件，將管理權授與佃農——叫做佃戶——有成爲不在地主的傾向。跟大租相對的是小租（通常五、六成）。這是佃戶將土地轉租給小佃農——叫做佃人——而徵收的田租。

佃戶本身不久也成爲單純的地主。本來從墾戶和佃戶當初所訂的租賃契約來說，佃戶無權擅加處理或轉租。但因佃戶實權很大，墾戶無法隨便插嘴干預。

在這種情形下，同樣一塊土地就產生大租戶——小租戶——（現耕）佃人三重結構，長期控制了台灣的土地制度。課稅不知道應向誰課，買賣土地不知道應和誰交易，成爲台灣資本主義化的毒瘤。後來台灣總督兒玉源太郎大刀濶斧進行改革，廢除大租戶，規定小租戶是所有人，堪稱明智果斷。

8　化外之地和化外之民

台灣在清朝統治下，形成封建殖民地社會的期間內，歐美各國完成資本主義的發展，從十八世紀中期又積極向東方擴張，到十九世紀以後，目標集中於中國，進行半殖民地化的活動。必然而然地，台灣也被捲入複雜的國際關係的漩渦中，最後被棄如敝履，落到日本人手上。

喚醒「睡獅」，而且使它淪爲「病猪」的導火線是英國。一八三九～一八四二年（道光十九年～二十二年）的鴉片戰爭和一八五六～一八六〇年（咸豐六年～十年）的亞羅號事件，使台灣沿海受到威脅，被迫開港。當時開放的港口有安平（包括台南）、打狗、淡水、基隆（鷄籠）。

同時傳教士也獲准自由傳教。一八七〇年（同治九年），英國長老教會派甘爲霖（William Campbell）來台，以台南爲根據地，在南部培植勢力。翌年也就是一八七一年，加拿大長老教會派馬偕（George Leslie Mackay）來台，以淡水爲根據地，在北部培植勢力。

一八七四年（同治十三年、明治七年）的日本征台之役，一八八四～一八八五年（光緒十年～十一年）的中法戰爭，戰火直接蔓延到台灣。其間，由培理率領的美國東洋艦隊曾勘查基隆的煤礦儲量（一八五四年），普魯士軍艦曾覬覦台灣，才使清朝瞭解台灣在軍事上、政治上和經濟上的重要性。

這裡有一段有趣的插曲，那就是一八六九年（同治八年）二月，南部十八蕃社的大酋長卓杞篤和美國領事李仙得（C. W. LeGendre）之間締結的有關救助海難的條約。這個條約經過美國政府承認，是正式的國際條約。

台灣開放四個通商港口後，茶、樟腦、糖等台灣特產透過外國商行加入國際貿易，台灣南部海上遇難的外國船隻也隨之增加，遭難者常被高山族砍掉頭顱。各國向清廷抗議，但清廷強詞奪理說蕃地是化外之地，高山族是化外之民，不肯擔負責任。旣然如此，外國艦船就擅自征討高山族，但未能徹底收效。一八六七年（同治六年）三月遇難的美國船羅拔號，結局尤其悲慘。李仙得和大酋長協商，結果締結條約使情形獲得改善，在當時可以說是明智之舉。卓杞篤嚴守信義，博得佳譽。當時台灣等於有兩個政府。這是具有象徵性的一樁事，說明了清朝統治下的台灣本質的一面。

砍掉五十四名琉球遇難漁民的頭顱的，是卓杞篤勢力範圍以外的高山族。征台之役前不久，卓杞篤去世，甥潘文杰繼位，率所屬十八社蕃協助日軍。日本的出兵是清朝很不高興的行動，可是潘文杰有自己的外交上的利害打算。

清朝於是甩掉一百九十年來的消極政策，擬訂積極經營整個台灣的方針。也就是先由總理船政大臣兼辦理台灣海防事務沈葆楨革新行政，開拓台灣東部，接着在一八八七年（光緒十三年）將台灣升格爲獨立省份，並任命洋務運動家劉銘傳爲第一任台灣巡撫。

劉銘傳是安徽人，文武双全，滿腹經綸，是清朝時代台灣最傑出的政治家。他上任後立刻實施一連串的改革。

他推動各種資本主義政策，包括加強軍備，架鐵路，把樟腦、琉磺改爲公賣，振興開礦、製茶等企業，輸入新式教育，進行理蕃工作。爲了富裕財政，他毅然採取具有劃時代意義的清丈清賦措施。

可惜清朝封建的本質牢不可破，台灣的官民又墨守成規，跟不上他的改革，反而扯他的後腿，結果台灣的洋務運動和大陸一樣歸於失敗（一八九一年）。

第二任巡撫邵友濂，以休養民力為理由，將劉銘傳的新政幾乎全部改弦易轍或廢除。甲午戰爭一起，他知道台灣岌岌可危，把職位讓給唐景崧，返回大陸。唐景崧果然面臨台灣割讓日本的困境，被歷史的狂瀾玩弄於股掌上。

9　歷史的分水嶺台灣海峽

結束這一章之前，筆者想就台灣常易被忽視的自然環境喚起讀者的注意。

第一就是台灣海峽，第二就是台灣的風土。台灣海峽是註定把大陸和台灣隔開的天險。一般人在桌上攤開地圖，看到大陸和台灣距離那麼近，也許會聯想到一衣帶水這個文學上的措詞，其實台灣海峽雖只有一百八十公里，却也充分發揮了歷史上的作用。

只要指出四十公里的多佛海峽在歐洲史上發揮如何重要的作用，就足够幫助我們瞭解這一點。台灣海峽不是只比多佛海峽寬一些而已。澎湖島和厦門之間比較寬廣的部分，海流形成漩渦，翻騰洶湧，叫做「烏水溝」。這是因為來自北方的寒流和來自南方的暖流在狹窄的海峽相遇，產生帶狀凹陷的潮流，成為船隻難行之處，到近年為止，還有軍艦常在此遇難。從前的航海者只能祈求媽祖保佑。

而且還有聞名的颱風來襲。關於颱風的語源，說法不一，筆者贊成「台灣縣志」中以「風篩」爲颱風的說法，卽所謂：「激風（颶）孕雨四面環至，旋舞於空中狀也。」台灣人稱颱風爲 hong-thai，hong 卽風，thai 卽篩，和「台灣縣志」的說法吻合。總之，台灣海峽如非徹底抱定決心是無法橫渡的。

卽使九死一生橫渡成功，也還有可怕的風土病在前面等候。風土病的代表是瘧疾（俗稱寒熱病）。征台之役、法國艦隊佔據澎湖（一八八四〜一八八五年）、日本禁衞師掃蕩島內，在這幾次作戰中，日軍和法軍的損失幾乎都是由於瘧疾而造成的死亡，由此可知其可怕的程度。移民篤信醫藥之神保生大帝（亦稱大道公、吳眞人）比航海之神媽祖有過之而無不及，也是這個緣故。

在這種自然環境之下，移民歷經兩百餘年的殖民地生活。吳子光（丘逢甲之師）的「一肚皮集」，載錄台灣民俗稱：「總之，閩粤各有土俗，寓台後又別成異俗」，可以說觀察敏銳。以下試舉一二實例。

語言方面，由於福建籍移民佔絕對多數，客家移民爲了生活上的方便，不得不通曉福建話。福建話大體上已經獲得通用語言的地位。福建籍移民又因漳州幫、泉州幫雜居各地，語音發生混淆，逐漸形成新的通用語言，卽所謂「不漳不泉」的台灣話。和福建地方複雜錯綜的方言分佈比較之下，才會發現彼此的岐異嚴重到什麼程度。世間的學者認爲「不漳不泉」是厦門話在台灣流通的結果，其實台灣話和厦門話在輕聲、重念、詞滙方面顯然不同。

螟蛉子的流行是台灣特有的風俗之一。如衆週知，尊重男性血親的宗法制度在中國有悠久的傳統。但移民由於女人不够，無法隨心所欲結婚成家，然而又不能沒有後嗣，就產生收養陌生人爲養子的習慣。螟蛉子通常是花錢買八、九歲到十五、六歲的少年來養育，甚至也有逕收年紀相差無幾的男子爲養子，讓他叫自己「老爸」的例子，但很少見。中國人認爲這個習俗是「異姓亂宗」，很瞧不起。

女人不够，當然提高了女性的地位。「男尊女卑」在中國只是表面上如此，在台灣，女人尤其有很大的發言權。女人在自己的名義下擁有財產，對丈夫遺產的分配插嘴干涉。竹越與三郎也有如下的說明：「猶如英國男女間的關係，到殖民地自然一變，呈現女尊男卑的現象，中國本土家庭的倫常，到男多女少的台灣殖民地，不得不產生若干變化。」（摘自一九〇五年九月發行，竹越與三郎著「台灣統治志」五〇二頁）

和南洋的華僑一樣，台灣人把大陸叫做「唐山」，把來自大陸的旅客叫做「唐山人」。這些稱呼一方面帶有一種漠然的懷念，一方面包含着對異鄉人的戒心。由下面的俗語可知：「唐山客對半說」（來自大陸的行商漫天開價，必須打對折），「虎在唐山」（利用「唬」和「虎」同音創造出來的俏皮話。唬人的壞人在大陸。）

總而言之，始於荷蘭時代，而在鄭氏時代加速進行的，台灣跟大陸在政治上和經濟上脫離關係的傾向，在清朝時代一度大開倒車，而它的本質是要把台灣放在福建的殖民地統治下。但正因如此，在意識方面，它反而加強了反抗。

第五章
只剩下台灣人
台灣民主國（1895年）

台灣民主國的國旗

1 不知不覺之間被遺棄

甲午戰爭（一八九四～一八九五年）的結果，清廷割讓台灣、澎湖給日本。

清廷對於割讓遼東半島的要求，頑強地反對。因爲遼東半島地居要衝，靠近京畿。最後拉攏俄、德、法三國出面干涉，日本只好忍氣退還。但是清廷一口氣就答應割讓台灣的要求。因爲台灣只是南海不易統治有如殖民地的省份，毫不在乎割讓。

割讓台灣的風聲，在那年春初傳到台灣。移民驚愕不安，憤慨激昂。知識階級很單純地將割讓之罪歸於講和使節李鴻章和贊成派孫毓汶、徐用儀的頭上。飛送大陸各報社的檄文中，有下面這一段：

「痛哉！吾台民從此不得爲大清國之民也！吾大清國皇帝何嘗棄吾台民哉！有賊臣焉，大學士李鴻章也，刑部尙書孫毓文也，吏部侍郎徐用儀也。吾台民與汝李鴻章、孫毓汶、徐用儀有何讐乎？……我台民父母、妻子、田廬、墳墓、生理、家產、身家、性命，非喪於倭奴之手，實喪於賊臣李鴻章、孫毓汶、徐用儀之手也。我台民窮無所之，憤無所洩，不能呼號于列祖列宗之靈也，又不能哭訴於太后、皇上之前也。均之死也，爲國家除賊而死，尙得爲大清國之雄鬼也矣！我台民與李鴻章、孫毓汶、徐用儀，不共戴天……」（本檄文原張貼於彰化縣署前）

在距離台灣二千公里的北方打敗仗，何以突然和割讓台灣扯在一起，這是所有移民都想不通的。而且割讓的對方是日本。

日本是東夷之一，由秦始皇的臣子徐福的子孫所創建的蠻國，聽說斷辮，放纒足，禁止吸食鴉片。一八八四年，法軍騷擾台灣，移民稱之爲「西仔反」。日軍侵寇是「番仔反」。從西仔（西洋人）和番仔（野蠻人）的叫法，可以知道移民對日本人的輕視和對割讓日本的痛恨之情。

2　台灣民主國的本質

一八九五年（光緒二十一年、明治二十八年）四月十七日，伊藤博文和李鴻章在下關簽訂和約後，一直到六月十七日，第一任總督兼海軍大將樺山資紀率文武百官，邀請外賓，在台北的巡撫衙門舊址擧行布政大典爲止的兩個月間，有台灣民主國的成立這一段插曲。

台灣巡撫唐景崧（廣西人）被擁爲總統，客家籍名士丘逢甲任副總統兼義勇統領，組織內閣，任命地方首長，設立由各地（以台北爲主）移民有力人士擔任議員的「議院」爲立法機關，暫擬由豪族林本源一家的當家主人林維源出任議長（但固辭不就）。

同時制定藍底黃虎的國旗（清廷爲青龍），建年號「永清」，向各國通告建國宗旨。未獲承認的亞洲第一個共和國於是忽然誕生。

台灣民主國具有什麼樣的本質？發揮了什麼樣的作用？在台灣人的歷史中具有什麼意義？我們先

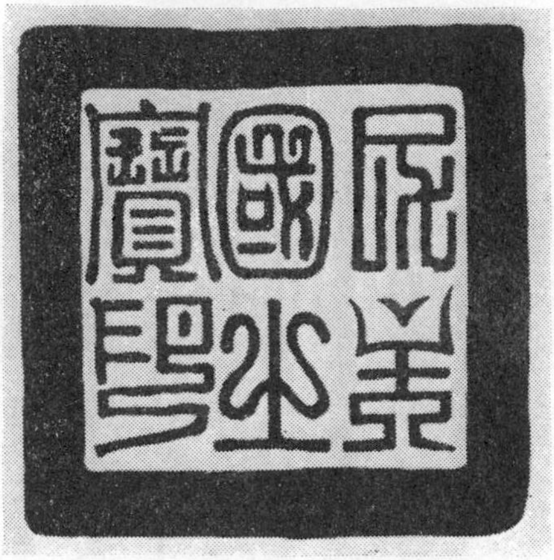

台灣民主國之印

看看建國之日也就是五月二十五日，以總統唐景崧的名義發表的宣言：

「台灣民主國總統前署台灣巡撫唐爲曉諭事。照得日本欺凌中國，大肆要求。此次馬關議款，於賠償兵餉之外，復索台灣一島。台民忠義，不肯俯首事仇。屢次懇求代奏免割，本總統亦力爭多次。而中國欲昭大信，未允改約。

全島士民不勝悲憤。當此無天可籲，無主可依，台民公議自立爲民主之國，以爲事關軍國，必須有人主持。於四月二十二日，士民公集本衙門遞呈，請余暫統政事。經余再三推讓，復於四月二十七日，相率環籲。五月初二日公上信印，文曰，台灣民主國總統之印。換用國旗藍地黃虎。竊見衆志已堅，群情難拂，不得已爲保民起見，俯如所請，允暫視事。卽日議定台灣爲民主之國。國中一切新政，應卽先立議院，公舉議員。評定律例章程，務歸簡易。

唯是台灣疆土，荷大清締造二百餘年。今雖自立爲國，感念列聖舊恩，仍應恭奉正朔，遙作屏藩，氣脈相通，無異中土，照常戒備，不可稍涉疏虞。

民間如有假立名號，聚衆滋事，藉端仇殺者，照匪類定罪。從此台灣清內政，結外援，廣利源，除陋習，鐵路兵船次第籌辦。富強可致，雄峙東南，未嘗非台民之幸也。此曉諭全台知之。

永清元年五月。」

作為獨立宣言，格調不能算高。「恭奉正朔，遙作屏藩」這句話，令人懷疑其獨立的精神。這也難怪。民主國的建立，是由留在台灣想混水摸魚撈油水的清廷官吏，和想要死守既得權益的丘逢甲等大租戶兼讀書人階級，串演的一齣戲。唐景崧只是可憐的傀儡。

提出共和政體構想的是擔任外務大臣的副將陳季同（福州人）。他在赴台上任之前，擔任過駐法大使館參事。他想到可以應用在歐洲吸收的新知識。對這個構想如獲至寶，強行付諸實施的是有「東寧才子」之稱的丘逢甲。

丘逢甲

既然不對北京的滿清皇帝大逆不敬而僭稱帝王，就只好稱為總統；既然在台灣立國缺少不了移民有力人士的協助，就必須成立議會之類的機關加以籠絡。而緊急場合的政治人才還是要依靠清廷官吏，抗戰也絕對需要正規軍隊的協助。

總之，抗戰如能持續相當時間，一定會像遼東半島的場合一樣引起國際干涉，這是一致的期望。對日本向南方擴張心存嫉妒的法國和德國的動向相當微妙，因此他們的期望並非毫無根據。

唐景崧進退兩難，立場很令人同情。二月十四日，日軍比志島支隊佔領澎湖島時，唐景崧知道台灣已經保不住，把家眷疏散到大陸。在割讓台灣的風聲滿天亂飛，風聲進一步成爲現實的過程中，台灣局勢陷於動搖混亂，唐景崧對此勤快上奏，仰候指示。五月初，北京來電訓示：

「查自三月起，累次來電有云：『台無兵輪，坐困絕地，其危可知』……貴署撫體察實在情形，不可因一時義憤而激動。現以新約內日本聲稱：『本約批限二年之內，地方人民願行遷徙者，准任所之，其有田地，聽其變賣他人；但期滿之後，未能遷徙者，日本認爲人民。』皆載在和約中。……貴署撫每思念朝廷愛護台民，並將以上定約勸諭台民，勿得因一時過憤，致罹後患。」

馬關條約中規定的選擇國籍的自由和兩年的寬緩期限，比開羅宣言片面規定台灣人是中國人的措施，文明很多而且合乎人道。但是對於絕大多數以台灣爲埋骨之地，跟大陸已經毫無關係的台灣人來說，選擇國籍的自由有等於無。

不管唐景崧如何勸說，無法平息群衆的激動。五月二日，北京拍快電指示：火速離開任地返回北京，大小文武官員應隨後撤離。另一方面，丘逢甲等人硬要他留在台灣指揮軍政，嚴加監視。

紀律已亂的軍隊，對唐景崧控制的一百數十萬兩軍餉的去向，虎視眈眈。所謂「將官欲詐千緡餉，丐子堪當一日兵」（一九〇五年發行，王松著「台陽詩話」），這兩句詩句充分暴露了當時民主國軍隊官兵的醜態。

唐景崧答應就任民主國總統，只是爲了敷衍一時而擺出的姿態。兩天後，他才獲得自由，向部下下令「可自由進退」。布政使顧肇熙、分巡台灣兵備道陳文騄、台灣知府孫傳兗、台灣辨防楊岐珍、台灣鎮總兵萬國本等大小文武官員，差不多都慌慌張張找便船離開台灣，林維源等移民有力人士也多步其後塵。這些人當中也有人被暴動的士兵搶劫。

當時局勢的一端，在胡適的父親胡傳（最後一任台東直隸州知事）留下的記錄中有詳細的記載。這個時候引人注目的存在，就是在南部任地表明積極態度，「願和台灣人民共生死」的幫辦台灣防務劉永福。

3　清兵和台灣人

在這之前，日本擔心台灣的抗戰又引起外國的干涉，急於接收並平定台灣。五月十七日，樺山總督一行五百名在京都完成編隊，從宇品港搭乘官船橫濱號出發。五月二十日，剛抵達遼東半島不久，由北白川宮能久親王率領的精銳禁衞師奉命綏靖台灣。

禁衞師的調動如何匆促，從他們穿着預備用於東北戰場的多服前往酷熱的台灣這一點，可以窺知。五月二十七日，双方在琉球中城灣會合，翌日在停泊於基隆港外的橫濱號船上，和清廷使節李經芳（李鴻章之子）辦理交接手續。交接手續本來預定在巡撫衙門進行，但當時根本無法在不流血的情況下登陸，李經芳也怕被殺害，沒有心情顧慮到形式。五月二十九日，禁衞師很快就在基隆背後的澳底敵前登陸。

爲了綏靖台灣而動員的日軍兵力，包括隨後增援部隊，共有兩個半師約五萬人，隨軍夫役二萬六千人，馬九千四百四，佔當時只有七個師的日本陸軍的三分之一以上，至於海軍則投下聯合艦隊的大部分兵力。

相反地，民主國軍隊以台北附近爲重點，全島各地合起來正規軍約三萬五千人，多爲廣勇、湘勇。由移民組成的所謂義勇，正確數字不得而知，估計約有十萬人。這是大租戶——小租戶——佃人這種封建的主從關係就那樣化爲軍隊組織的結果。

在澳底登陸的禁衞師，沒有遭遇到什麼抵抗就越過三貂嶺的險阻，在海軍的協助下，六月三日佔領基隆。基隆失陷的消息使台北上下發生動搖。

但還有可守的要害獅球嶺。唐景崧一再派兵增援，可是臨時招募的軍隊不諳地理，迷失方向，而且薪餉很差，面臨饑餓的邊緣。隊長擅自封官，指揮系統雜亂無章。到這個地步，只有由唐景崧親自出馬，在陣前指揮，可是唐景崧無意離開台北，請他退避到中南部重整旗鼓，也只是含糊其詞不置可否。

對當時作垂死掙扎的台北的一片怵目驚心景象，美國記者戴維遜（James W. Davidson）在「台灣島的過去和現在」（The Island of Formosa, 1903）一書中有詳細的描述。到六月四日，敗兵一窩蜂擁入台北市內，放火搶劫，廣勇和義勇發生衝突，進行巷戰。

當天傍晚，唐景崧在數十名侍衞的保護下化裝逃出台北，躲藏在淡水的德國商人家裡，六月六日搭乘德國輪船逃往厦門。跟唐景崧一前一後，民主國的要人也都放棄台灣，逃之夭夭。

根據報告，當時相當不錯的克虜伯（Krupp）鋼製小型野戰炮一門只賣二、三美元，最新式的溫徹斯特（Winchester）來福槍一枝一塊錢美金都沒有人買，這個例子說明無政府狀態下的搶劫擄掠嚴重到什麼程度。

在恐怖之下戰慄不安的台北市民，唯一的活路就是早日請求日軍進城。這是很大的諷刺。辜顯榮（一八六六～一九三七年）這個台灣人於是粉墨登場。辜顯榮是鹿港人，數年前到台北從事大陸貿易，當時三十歲。他受茶商陳朝駿、醫生黃玉階等大稻埕紳商之託，單身赴基隆，向狐疑逡巡的日軍說明台北的情況，親自引導日軍進入台北城內。據說他在日軍司令部被懷疑是間諜，受到各種威脅，但因應答態度泰然自若，才得到信任。

由於這個時候的功勞，辜顯榮得到賞識，翌年被任命爲台北保良局長，畢生和日本人合作，所以在一九三四年被日本天皇選爲貴族院議員。雖然有許多台灣人罵他是頭號御用紳士，最大的台奸，但是他也有他自己的信念（參閱一三五頁）。

日軍就這樣在六月七日不流血佔領台北。照這個情形，綏靖台灣應該沒有問題，樺山總督及其屬下才舒展愁眉。但是台灣人壯烈的抵抗却是此後才開始的，而且抵抗一直持續到一九〇二年（明治三十五年）五月，長達七年之久，令人驚異。

七月二十七日，禁衞師下令進行台北新竹間第二期掃蕩計劃，二十九日開始採取行動。三十一日進入新竹，八月十四日攻取苗栗，十八日抵達彰化。台北新竹間八十公里，新竹苗栗間二十六公里，苗栗彰化間八十五公里。進攻的速度遲遲不進，和預期相反。越往南，義勇的抵抗越是激烈。

徐驤、吳湯興、簡精華，林崑岡等各自獨立的部隊，以粗劣的小型火器向精銳的日軍展開遊擊

義勇抗戰圖

戰，使日軍屢陷險境，雖然這種作戰很不划算——平均殺一個日本兵要死二十個台灣人——而且毫無希望。據說整個台灣遺棄在戰場上的屍體有八千具之多。

日軍的損失，從一八九五年五月二十六日到十二月十五日這一般期間，計戰死者一六四人，負傷者五一五人，作戰生病者（收容於醫院）二一六、九九四人，作戰病死者四、六四二人。作戰病死者幾乎都是患瘧疾。

這一段期間，台灣人還得和清軍的敗兵作戰。在台北未被日軍繳械遣返大陸的一部分敗兵，向南潰逃一路搶劫，和阻止他們搶劫的台灣人在各地發生衝突。

像六月七日逃抵新竹的一支部隊，聚集在南門外，強索糧食。由林朝棟（後來逃往大陸）率領的守城部隊要加以繳械，發生火拼，經丘逢甲（後來逃往大陸）部隊馳援，予以殲滅。遺跡豎有「廣東勇墓」

之碑。弔曰：「生無一飯人誰恤，死有千秋鬼豈知」（前引「台陽詩話」）。

台南還有黑旗軍猛將劉永福負隅抵抗。八月三十日，陸軍中將高島鞆之助被任命爲台灣副總督，迅即將增援的第二師（陸軍中將乃木希典）及其別動隊第四混合旅（陸軍少將貞愛親王），加上禁衞師，合編爲南征軍，擺好從南、北、西北三方包圍台南的陣勢。

劉永福（一八三七～一九一六年）是直情逕行的武人，跟唐景崧是中法戰爭以來的知己，但兩人感情不睦。雖然有人力陳保衞台北必須靠劉永福協助，唐景崧還是把他調到南部。

劉永福的兵力以四千名黑旗軍爲主，正規軍和義勇共約三萬人，但補給極差。劉永福在台南地方絞盡腦汁籌措，苦不堪言。例如徵收各種稅金，對想要逃往大陸的有錢階級課征放行金，逃難船則徵收出港稅。六月起發行一元、五元、十元的銀票，七月三十一日起發行三十錢、五十錢、一百錢的郵票。這時發行的郵票舉世聞名，售價奇昂，外國人聽到台灣民主國，除了郵票以外一無所知。

東拼西湊勉強籌措，却未能得到理想的成果，大部分的部下意氣沮喪，相繼逃亡。十月初，劉永福透過英國人向日本提議停火，並表示要以清軍的身分站在對等的立場，進行談判。但日軍囘答說：如果以土匪的立場投降，可以饒一條命。台南的紳商唯恐重蹈台北的覆轍，向劉永福表示：「閣下已盡全力，宜適可而止」，慫慂他離開台灣。十月十九日，劉永福化裝從安平搭乘英國船逃往厦門。台灣民主國就這樣崩潰瓦解。

扮演和辜顯榮一樣的角色，在十月二十二日使日軍第二師不流血進入台南城的是長老敎會牧師巴克禮（Thomas Barclay）。他後來因爲這個功勞獲頒双光旭日五等勳章，長久受到台南市民的感謝。

十月二十八日，禁衞師師長北白川宮能久親王在台南去世。官方的發表說是死於瘧疾，但台灣人之間傳說北白川宮是被台灣人殺死的。至於何時何地為何被何人殺死，衆說紛紜，不管眞假如何，這個傳說象徵當時台灣人根深蒂固的對日反感和當時的激烈抵抗。

台北的不堪一擊和中南部的頑強抵抗，形成強烈的對比，北部氣質和中南部氣質的不同能說明其中的一部分。台北有如東京，是新開闢地區，由出外做活者聚集而成的大雜院，中南部有悠久的傳統，鄉土觀念很強。後來台北出現許多經濟人才，中南部則出現許多政治運動家，也許與此有關。

要言之，台灣人的抵抗是出於自我防衛的原始本能以及帶有中華色彩的對日反感。下面這首詩充分表達當時台灣人的心情。

唐去民無主

旗揚虎有威

明知烏合衆

抗戰未全非

（摘自一九五七年一月發行，「台北文物」第五卷第二、三期所載，劉篁村：「台北詩話小談」）

它和台灣民主國謀略性的抗戰必須嚴加區別。在初期，二者的抵抗偶然合為一體出現，因此才令人產生錯覺，以為這是民主國組織發動的抗戰。但是，面對強大的日軍，而且知道外國不會干涉的時候，謀略家和大租戶爭先恐後逃出台灣。他們可以把大陸當作最後避難場所。相反地，台灣人繼續抵抗到彈盡援絕，而且還會繼續抵抗下去。生為台灣人，死為台灣鬼，這是他們唯一的立場。

西來庵事件余清芳被捕圖

第六章 近代化的漩渦中

——日據時代（一八九五～一九四五年）

1 日本人繼承的東西

日軍兵不血刃開進城內，當時的台北人口四萬六千人，由城內、萬華、大稻埕三地區構成。這個台灣最大的城市，實際上是什麼樣子？

「房屋四週或院子流出不清潔的汚水，或各處積水成池沼，或居民和豬狗雜居，或雖往往有公厠設備而到處排泄糞便。唯市內據說和日人鑿井（劉銘傳時代）有關的噴水，以鐵管供應飲水，但桶器極爲不潔，好像他們的頭腦和眼裏對不潔毫無認識。娼妓四處出沒，感染惡性梅毒已達第三期，侵及骨髓者市內甚多……」（摘自一九四三年十一月發行，井出季和太著「南進台灣史攷」六九頁。原據日本衞生隊實地調查記錄。）

住在這種環境的台灣人的教育程度，正如英人蒙哥馬利（P. H. S. Montgomery）在有關台灣最古老的文化城台南（人口四萬二千）的報告中所述：

「……教育甚爲落後。居民的學識極爲淺薄。這也是當然的現象。因移民大部分是勞動階級和原爲勞動階級的商人。他們爲每天的生活所迫，沒有時間求知。汲汲於追求和維持財富的商人，沒有多餘的精神用於學問。在大陸大家都很熟悉的讀書人（他們爲文化而且靠文化而生存），在這裏沒有地位。

農民和苦力未受任何初步教育。商人會看書寫字，但知識程度只限於簿記或商業書信的讀寫，超越這個範圍的少之又少。

文學和藝術在對此抱有敵意的這個地方未曾生根，當然更談不上興隆。

……百分之九十的男子目不識丁。男子已經如此愚昧無知，所以女子的教育水準更低也不足爲怪。」（摘自「一八八二～一八九一年台灣台南海關報告書」）

二五〇萬人口中，吸食鴉片者，根據一九〇〇年（明治三十三年）的調查，還有一六九、〇六四人之多。

耕地面積四三一、八九二甲，所收地租八六〇、七〇六圓，其中稻作面積二〇萬甲，收穫稻米一五〇萬石。其他的主要產物有年產八〇萬擔（一擔六十公斤）的砂糖，出口量一千三百萬斤的茶，十萬磅的樟腦。

鐵路有基隆新竹間的超窄軌鐵路六十二英哩，道路有鄉援村莊和村莊的村級道路，鄉援市鎮和市鎮的縣級道路則一條也沒有，雖說有郵政，台北恒春間要費七天半時間……。這是日本從清廷手中接收的殖民地——台灣所擁有的一切。

2 得到成功的殖民地統治

日本在整整五十一年的時間內孜孜經營，把台灣建設成幾乎十全十美的資本主義殖民地。由總理大臣任命的台灣總督，有權制定施行和法律具有同樣效力的律令（根據明治二十九年三月公佈的法律六三號——所謂六三法），能隨便任免司法官，是十足的「台灣皇帝」。

日本在台灣實施殖民地統治能够成功，有賴於上自總督下至市民乘國運昌隆之勢，爲了祖國的名譽盡其在我的滿腔熱情。

在五十一年的統治期間內，一共換了十九個總督，可以劃分爲下面幾個時代：

〔**前期武官總督時代**〕

第一任　樺山資紀　（一八九五年五月—一八九六年六月）
第二任　桂　太郎　（一八九六年六月—一八九六年一〇月）
第三任　乃木希典　（一八九六年一〇月—一八九八年二月）
第四任　兒玉源太郎　（一八九八年二月—一九〇六年四月）
第五任　佐久間佐馬太　（一九〇六年四月—一九一五年五月）
第六任　安東貞美　（一九一五年五月—一九一八年六月）
第七任　明石元二郎　（一九一八年六月—一九一九年一〇月）

〔文官總督時代〕

第八任　田健治郎（一九一九年一〇月—一九二三年九月）
第九任　內田嘉吉（一九二三年九月—一九二四年九月）
第十任　伊澤多喜男（一九二四年九月—一九二六年七月）
第十一任　上山滿之進（一九二六年七月—一九二八年六月）
第十二任　川村竹治（一九二八年六月—一九二九年七月）
第十三任　石塚英藏（一九二九年七月—一九三一年一月）
第十四任　太田政弘（一九三一年一月—一九三二年三月）
第十五任　南　弘（一九三二年三月—一九三二年五月）
第十六任　中川健藏（一九三二年五月—一九三六年九月）

〔後期武官總督時代〕

第十七任　小林躋造（一九三六年九月—一九四〇年一一月）
第十八任　長谷川清（一九四〇年一一月—一九四四年一二月）
第十九任　安藤利吉（一九四四年一二月—一九四五年一〇月）

前期武官總督時代，以鎮壓台灣人的武力抵抗和未歸順蕃人爲任務，同時想要奠定開發台灣的基礎。文官總督時代，是爲了應付取代武力抵抗而崛起的台灣人的政治運動，一方面則配合日本國內的政黨政治。

後期武官總督時代的使命，是因應中日戰爭擴展為太平洋戰爭的需要，把台灣當作南方作戰基地，進行整備。

日本統治台灣，取法於法國統治阿爾及利亞的方式，最後目標在於使居民的風俗習慣、語言徹底同化於本國，手段之一是獎勵本國國民移居。日本人移居台灣，雖然不像阿爾及利亞的歐籍移民那樣繁盛，但從結果來說，同化政策相當成功。

結果台灣人口增加到六六〇萬（其中日本人四〇萬，一九四四年），耕地面積八八萬甲（一九四二年），其中田五四萬甲、園三四萬甲。收穫稻米七八〇萬石，砂糖一四〇萬噸。另外出產茶二、二〇〇萬斤（一九三九年），樟腦五〇〇萬公斤（一九二〇年）。

公營鐵路一千五百公里，私營鐵路（糖廠）三千公里。道路寬的窄的合起來一萬五千公里。各都市重新設計，上下水道完備。公立綜合醫院十二所，公私醫師二、五三四人（一九四〇年），新設的大專院校六所，中學一七四所，小學一、一九四所，就學率高達七一%（一九四四年）。

台灣人就這樣被強迫投入近代社會，不管願意與否，享受近代化的恩惠。當然，日本本身從台灣得到的利潤，包括一年達兩千萬圓的砂糖出廠稅，各種企業的鉅額紅利，數目之龐大難以估計。

3　縱與橫的比較論

朝鮮人痛恨日本帝國主義之餘，常以世界最壞、最兇暴之類的字眼來形容，而且引起日本進步人士摻雜着悔悟的共鳴，認爲朝鮮人的攻擊很對。朝鮮人的對日反感有其相當的理由，而且好惡也是朝鮮人的自由，不過筆者在此想把朝鮮和台灣拿來比較一下。

陸軍常備部隊，朝鮮有兩個師，台灣只有一個旅，比例上是四比一，朝鮮和台灣的人口比例，以一九四一年爲例，是二、四七〇萬比六二四萬人，也是四比一，二者對稱，但面積的比例則爲二二萬平方公里比三萬六千平方公里，也就是六比一，相形之下，台灣受到日本強大的軍事壓迫甚於朝鮮。

朝鮮總督也有立法權，可以制定制令，相當於台灣總督的律令，不過像爲了鎭壓台灣的武力抗日運動而制定的匪徒刑罰令、臨時法院制度（立刻裁決處分之類）、保甲制度（連坐式保安組織）之類的法制，一開始就未實施。朝鮮也設有朝鮮總督的諮詢機關。叫做中樞院，等於台灣總督府評議會。但中樞院和只有部分議員從台灣人選任的評議會不同，除了由政務總監擔任議長外，所有議員都從朝鮮人當中選任。

台灣人被任用爲高等文官，在一九二一年（大正十年）「關於台灣總督府州理事官等特別任用案」制定後才實現，而且台灣人的任用還是少得可憐。相反地，朝鮮根據日韓合併條約的規定，一開始就准許廣泛地任用朝鮮人爲高等文官。

用台灣話發行的報紙，只有「台灣民報」一種在一九二七年（昭和二年）獲得許可，而朝鮮在一九一九年（大正八年）就有中央和地方數種報紙獲准發行（以上據向山寬夫：「日本統治下的台灣民族運動史」（未刊行））。

從這些事實可以知道，日本帝國主義對台灣的壓迫如何沈重。

本來，殖民地統治不論得到多出色的成果，在道德上應該無條件地受到譴責，筆者本身根據過去許多令人髮指的體驗，站在個人的立場，憎惡並痛斥日本對台灣的統治，毫不忌憚。

但是對於世界史某一發展階段必然會出現的社會上、政治上、經濟上的制度——殖民地體制，除了站在道德論和個人感情的立場加以評價外，還應該有保持客觀的餘裕，對個別的政策措施，從比較論的觀點加以評價。這種比較論上的評價，可以從縱和橫兩方面進行。

橫的方面就是跟同一時代的各個殖民地，例如英國在印度，美國在菲律賓，比利時在剛果，或日本在朝鮮的作風比；縱的方面就是跟以前的清朝時代，以後的國民政府時代的作風比。

橫的比較論，由於台灣人幾乎都不瞭解事實，很難着手，也沒有什麼意思。因爲每個被統治民族的前提條件各有不同。

不只是對台灣人，對世界人士而言，値得一提的是縱的比較論。而且和已成過去的清朝時代比較也沒有什麼意義，和以後的國民政府時代比較才具有重大的意義。

因爲一千萬台灣人的大多數都親身經歷這兩個時代，他們每每比較這兩個時代，就像搬家時比較以前的房子和現在的房子一樣，屬於人情之常。如果比較之下得到的結論是日據時代比現在還差強人意，問題就很嚴重。

有些人提出「已經恢復原來的樣子所以……」「同是一個民族」「在自由中國的旗號下談什麼殖民地統治」等論調，替國民政府辯護。這種人看事情只看表面，而且看法單純，他們腦子裏一定認爲上面的比較論根本不能成立，何況說日據時代有可能被判定勝過現在，他們更不會相信。台灣人本身就萬萬沒有想到，竟然有這麼一天，必須把日據時代和國民政府時代從同樣的角度加以比較。

4 絕望的武力抵抗

台灣人的抗日運動，可以根據其表現形態，截然分爲武力抵抗和政治鬪爭前後兩期。前期武力抵抗，從台灣民主國的保衞戰到一九一五年（大正四年）的西來庵事件爲止，大約二十年。後期政治鬪爭，從一九一四年（大正三年）十二月台灣同化會成立到日本戰敗爲止，大約三十年。

武力抵抗又可細分爲三期。各期規模較大的事件列擧於下：

〔第一期〕

民主國保衞戰（一八九五年五～十月，參閱前一章）

〔第二期〕

一八九五年十二月　林大北、林季成等人包圍宜蘭，襲擊頂雙溪、瑞芳的防備隊。

一八九六年（明治二十九年）元旦　陳秋菊、胡阿錦、簡大獅等襲擊台北。

同　年　六月　簡義在雲林（斗六）起義。七月襲擊鹿港，截斷南北的聯絡。

同　年十一月　鄭吉生在鳳山起義。

同　年十二月　柯鐵在雲林起義。

一八九七年（明治三十年）一月　鄭吉生再度襲擊鳳山。

同　　年　五月　陳秋菊、詹振等人襲擊台北。
同　　年十二月　陳水仙、柯鐵等人游擊於中部。
一八九八年（明治三十一年）五月　阿公店（岡山）辨務署遇襲。九月　大甲辨務署遇襲。
同　　年十二月　林少猫、林天福等人襲擊阿猴（屏東）、潮州、恒春一帶。
一八九九年（明治三十二年）一月　簡大獅、盧錦春、徐錄等人游擊於台北近郊。
一九〇一年（明治三十四年）二月　詹阿瑞襲擊台中。
一九〇二年（明治三十五年）五月　雲林張呂良等人在歸順典禮中被謀殺。
同　　年　五月　林少猫、林天福、吳萬興等人被捕遇害。

〔第三期〕

一九〇七年（明治四十年）十一月　蔡清琳自稱「聯合復中興總裁」，煽動隘勇（在蕃地警備的台灣人）和高山族，襲擊新竹地方北埔支廳，被捕者一〇九人，死刑九人。
一九一二年（大正元年）三月　劉乾、林啓順等人襲擊頂林派出所，覬覦林圮埔支廳。死刑八人。
同　　年　六月　黃朝等人受辛亥革命影響，圖在嘉義地方土庫起義，事機洩漏。被捕者二十四人，死刑一人。
一九一三年（大正二年）十月　中國革命同盟會會員羅福星等人圖在苗栗起義，事機洩漏。被捕者九二一人，死刑二十人。

一九一五年（大正四年）八月　余清芳、江定、羅俊等人，趁中日關係緊張的機會，在台南地方噍吧哖（玉井）起義。被捕者一、九五七人，死刑八六六人（一部分改判無期徒刑）。

第二期和第三期的武力抵抗，當中隔了五年左右的觀望期，性質和意義也各有不同。

第二期在動機和戰術上跟第一期相似，可以看做第一期的餘勢。但他們並非傻得以爲靠自己薄弱的武力能夠戰勝總督府的精銳部隊。他們本來已經死心，認爲接受日本的統治萬不得已，只因日本人作風蠻橫無理，才試圖進行「匹夫不可奪其志」的抵抗。

在雲林起義的土匪之一黃猫選所散發的檄文中，有這麼一段：

「罔料去年日賊來侵疆土，民俱思清官已去，唯望平治，盡皆歸降。不意此賊大非人類，任意肆處，無大小之罪，無善惡之分，無黑白之辨，唯嗜殺戮，拏之即決，燒庄毀社，辱及婦女。種種匪法，難以盡擬……」（摘自一九五五年二、三月號「台灣風物」所載：「蠻煙瘴雨日記」）

在治安比較良好的市內，也施行不折不扣的憲兵政治。下面就是以幽默的口吻對此加以諷刺的一首俗謠：

憲兵出門戴紅帽　　憲兵出門戴紅帽
肩頭負銃手擧刀　　肩膀背槍手拿刀
那有歹人緊來報　　如有壞人快通報
銀票澤山免驚無　　大把鈔票不會少

兒玉源太郎（右）和後藤新平

5　徹底的軟硬兼施政策

台灣人廣泛而頑強的抵抗，使日本人一籌莫展，無法如願開發建設，很快地引起各國的冷嘲熱諷。日本政府認爲這樣不是辦法，就任命素有日本陸軍瑰寶之稱的兒玉源太郎中將爲第四任總督，並派才幹卓越的政治家後藤新平擔任民政長官，以爲輔佐。後藤新平根據他一貫主張的「生物學的原則」，進行廣泛而合乎科學的調查研究，將所獲得的結果擬成方案，提出建議，讓兒玉總督施行。

一八九八年（明治三十一年）六月，兒玉總督召集地方首長，做了有名訓示，就土匪一詞稱：

「……所謂土匪，種類不同，要緊的是善加分別處置，不可一概視爲土匪，否則反有導致政策錯誤之虞……」

他隨即公佈有如秋霜烈日的「匪徒刑罰令」，同時推動積極的招降辦法。「匪徒刑罰令」共有本文七條，其主要者列舉於次：

第一條　不問目的如何，糾結徒衆圖以暴力或脅迫達到其目的者，是爲匪徒之罪，按左列區別裁決之。

一　首領及教唆者處死刑
二　參與謀議或指揮者處死刑
三　依附追隨或擔任雜務者處有期徒刑或重勞役
第二條　前條第三款所載匪徒有左列行為時處死刑。
一　反抗官吏或軍隊
二　放火燒毀或毀壞建築物、火車、船舶、橋樑
三　放火燒毀山林田野的竹木穀麥或露天堆積的柴草及其他物品
四　毀壞鐵路或其標誌、燈台或浮標，使火車、船舶的往來發生危險
五　毀壞供郵政電信及電話用的物品或以其他方法妨礙其交通
六　將人殺傷或強姦婦女
七　綁票或搶劫財物
第三條　前條之罪如係未遂犯仍科以本刑。
第六條　犯本令之罪者向官自首時，量情減輕或全免其刑。
免刑時加以五年以下的監視。

殖民地鐵血政策，手下毫不留情，這是最確鑿的證據。招降辦法是根據上面第六條。從死刑一下子變成無罪，說得未免太便宜。後藤新平為了表示守信，或則親自出席歸順典禮，或則對地方官嚴加監視。自首者視其在組織內的地位，保障他的社會身

份，給予經濟上的利權。最高級的優待就是發給只有學者、名望之士才拿得到的「紳章」。和招降政策不同，用來作為懷柔政策的，有邀請八十歲以上的耆老出席的「饗老會」（一八九八年在台北，一八九九年在彰化，一九〇〇年在台南分別舉行）以及邀請全島儒生士紳參加的「揚文會」（一九〇〇年在台北發起成立）。

在這段期間內，日本資本主義的發展好不容易走上軌道，例如創立台灣銀行，新式糖廠開工生產，改革貨幣，統一度量衡，進行土地改革等等，穩步而順利地鞏固地盤。

事到如今，抵抗的社會基礎已經喪失，接受招降的土匪不斷出現。頑強地抵抗到最後的林少猫也在一九〇二年（明治三十五年）被討平，第二期武力抵抗遂告結束。

下面特就簡大獅和陳秋菊這兩人形成對比的結局加以介紹，以幫助讀者瞭解當時抵抗已經到達絕望的地步。

6 簡大獅和陳秋菊

簡大獅以芝蘭（草山）為根據地，屢屢騷擾台北附近，一八九八年（明治三十一年）八月一度歸順，旋又造反。因為這次情報已被掌握，他立刻被逼得走頭無路，好不容易才逃到福建。可是台灣總督的威信及於福建，清吏把他逮捕後交給日本當局，可憐簡大獅被押解到台灣，翌年春天在台北監獄處以絞刑。

他在接受廈門廳審訊時的供狀中訴說：

「我簡大獅係台灣清國之民。皇上不得已以台地割畀日人。日人無禮，屢次查家尋釁，且被姦淫妻女，我妻死之，我妹死之，我嫂與母死之，一家十餘口，僅存子姪數人，又被殺死。因念此仇不共戴天。曾聚衆萬餘，以與日人爲難。然仇者皆係日人，並未毒及清人。故日人雖目我爲土匪，而清人則應目我爲義民。況自台灣歸日，大小官員內渡一空，無一人敢出首創義。惟我一介小民，猶能聚衆萬餘，血戰百次，自謂無負於清。去年大勢既敗，逃竄至漳，猶是歸化清朝，願爲子民。漳州道府既爲清朝官員，理應保護清朝百姓。然今事已至此，空言無補。惟望開恩，將予杖斃。生爲大清之民，死作大清之鬼，猶感大德，千萬勿交日人，死亦不能瞑目。」（摘自一九五八年七月，中華書局發行，阿英編「甲午中日戰爭文學集」所錄：「簡大獅慘死憤言」）

簡大獅抗日的直接動機在於欲昭雪骨肉的恥辱，境遇很淒慘。他把日本人視爲不共戴天的仇敵，是很理所當然的，而日本人把他這個復仇者殺死也是不得已的。問題是他依靠的滿清。而這是由於簡大獅致命的認識不足。

陳秋菊是在一八五五年（咸豐五年）生於台北近郊的深坑。這個地方是新開拓之地，蕃害和匪害特甚，所以居民富尚武之風，相當慓悍。他參加台灣民主國保衞戰，敗潰後仍糾集流民，聯絡四方豪傑，跟日軍作戰。

在大小數十次出擊中，使陳秋菊名震天下的，是一八九五年（明治二十八年）除夕到翌年元旦這一段時間對台北城的襲擊，以及一八九七年（明治三十年）五月七日偷襲大稻埕時，他英姿颯爽騎着白馬指揮一役。

不過後來他看到日本人戒備日嚴，部下逐漸脫離，剩下的也都意氣消沈，不得不承認大勢已去，打斷念頭。一八九九年（明治三十二年）六月，他下定決心和台北州知事村上義雄開始談判投誠，第二個月就達成妥協。

後藤新平大喜，照約定頒授「紳章」，給以製造樟腦的利權。他用部下從事工作，掃蕩附近不肯順從的土匪。總督對他日益信任，兩三年之間，一躍而成購置良田千畝的豪富。他以女人和鴉片排遣鬱悶，對設立學校和闢建道路則不惜捐贈鉅款。

他的弟弟，也是他的好幫手陳捷陞，奉總督府之命，移居大稻程經商。一九二二年（大正十一年）八月，他享盡天年，壽終正寢，出殯時，據說有許多日台人士執紼，場面空前。

現在也許有人會批評他不守「晚節」，但試讀當時流行的一段俗謠，自然會知道別有評價。

兄弟和番眞正妙　　兄弟和番好名堂
二來下本整腦寮　　接着投資樟腦廠
收除山賊却然了　　收除山賊已精光
安局收兵第一條　　安局收兵第一樁

（摘自一九五九年十二月發行，「台灣文獻」第一〇卷第四期所載，黃潘萬：「陳秋菊抗日事蹟採訪記」）

7　利用迷信的「陰謀事件」

第三期的武力抵抗，除西來庵事件外，規模很小，有的事先就被發覺，日本人總稱之為「陰謀事件」。日本資本主義擴張得很快，土地的兼併和山林草原共同使用權（所謂入會權）的剝奪，到處可見，農民和伐木者生活受到威脅，狗急反噬起來暴動。它的特色，就是在策動的階段，巧妙地利用中國大陸傳到台灣的革命風潮，進行宣傳。

例如一九〇七年（明治四十年）十一月發生的北埔事件，樟腦廠的一個小工人蔡清琳（當時二十七歲，新竹廳北月眉庄人）煽動衆人說：「照計劃，最近會有許多中國兵登陸新竹，我們要跟他們合作，趕走日本人」，並自稱「聯合復中興總裁」。在這次暴動中，他們打死了數十個日本人，但自己也有八十一人死亡，十人自殺，九人被處死刑。

一九一二年（大正元年）三月發生的林圮埔事件，由頗孚衆望的童乩（扶乩男子）兼算卦者劉乾（南投廳沙連堡人），和被趕出政府售給三菱製紙公司的竹林，走頭無路的大坑庄庄民林啓順主謀，煽動附近的農民說：「國姓爺啓示，趕走日本人後應該當台灣王。」他們襲擊頂林派出所，殺死三個巡警（其中台灣人一名），然後下山想把林圮埔支廳殺個片甲不留，但在途中潰散。結果有十二人被捕，八人處死刑，三人處無期徒刑，一人處有期徒刑。

一九一五年（大正四年）八月發生的西來庵事件，騷擾的範圍最廣，拖了很久才解決，而且由於傳說在掃蕩過程中，日本人曾不分青紅皀白濫肆屠殺，以及審判的結果被處死刑的人數多得驚人等理由，給台灣人留下特別深刻的印象。

主謀余清芳（一八七九年生，阿猴人）歷任店員、巡警補、官廳書記，最後當上台南市道觀西來庵的董事。他利用這個地位，煽動信徒，籌措軍餉。他的軍師是名叫羅俊（一八五六年生，嘉義廳他里霧人）的「食菜人」，提供抗戰基地而且成爲作戰主力的是江定（台南廳竹頭崎莊人）。

這個事由於同志之一蘇東海在開往厦門的船中被捕，從監獄發出的密函被識破而暴露出來。余清芳知道事機已洩，倉皇逃到江定處投靠，先下手爲強，攻擊甲仙埔（朱一貴出生地羅漢門）支廳和附近的派出所，進行屠殺，並襲擊玉井。

在西來庵抄收的許多文件中，有余清芳的「諭文」稱：

「大明慈悲國奉旨本台征伐天下大元帥余示諭。……聖神仙佛，下凡傳道，門徒萬千，變化無窮。今年乙卯五月，倭賊到台二十有年已滿，氣數將終。天地不容，神人共怒。我朝大明國運初興，舉義討賊，興兵伐罪，大會四海英雄……」（摘自一九二〇年發行，台灣總督府法務部編「台灣匪亂小史」）

乍讀之下令人發生錯覺，彷佛又回到兩世紀以前的朱一貴時代。

必須注目的是一九一三年（大正二年）十月的羅福星苗栗事件。羅福星是廣東省嘉應州的客家人，一九〇三年（明治三十六年）隨祖父來台，住在苗栗期間上過公學校（台灣人就讀的小學），一九〇六年（明治三十九年）舉家搬回大陸，在嘉應州當小學教員。他透過在當地渡餘生的丘逢甲的介紹前往南洋時，和胡漢民等人相識，加入同盟會，辛亥革命翌年亦即一九一二年，自告奮勇跟十二名同志潛入台灣開始活動。據其親筆記錄，他爭取到的同情者包括財主、官員、公務員、學生等等，達十萬人之多。

一九一三年春天，警察就掌握到線索，經過半年的暗中調查，到十月一舉進行逮捕。羅福星匿居淡水，等待機會逃往大陸，但終於被捕，翌年三月在台北監獄從容就義。

當時同盟會的後身——國民黨在袁世凱的分化壓迫下四分五裂，根本就未曾認眞想在台灣搞革命，也沒有力量支援。這可以說是出於羅福星輕擧妄動的冒險主義。而致命的失算就是對總督府的統治力量估價過低，而且對台灣人複雜的政治意識認識太淺。

8 林獻堂和留學生

在長達二十年，沒有希望而且帶着封建色彩的武力抵抗反復進行的期間內，台灣人中也出現了新舊世代的交替。新的一代受到日本的現代教育，結果具有了世界眼光和科學精神。

這正是後藤新平內心很擔憂的台灣人的蛻變。後藤新平在推動新式教育制度時，曾經表示：推廣初等教育有其必要，高等教育限定於技術方面尤其是醫學部門卽可（台北醫學校卽後來的醫專創立於一八九九年）。

但是卽使說只限於初等教育，像樺山總督時代的第一任學務課長伊澤修二（一八五一～一九一七年，長野縣人）這種熱心的教育家所創立的「芝山巖精神」（一八九六年元旦，芝山巖學堂的六名日籍教員在簡大獅的攻擊下殉職），連山地分校的教師也貫徹到底。

台灣人一開頭就被灌輸忠君愛國式的日本教育，從這當中，他們對封建社會和現代社會的不同，義務和權利互爲表裏成爲一體的性質，台灣在世界史中的地位等等，自己加以辨別領會。

台灣人具現代性而且有組織的政治運動，以一九一四年（大正三年）利用自由民權鬪士板垣退助前來台灣的機會而成立的台灣同化會爲嚆矢。

同化會的宗旨就是主張台灣人應該向日本人同化，日本人應該給與台灣人平等的權利。台灣人的同化是總督府的基本方針，因此在台灣的日本官民都予贊成。台灣人則站在台灣人的立場，被「和日本人權利平等」這個口號吸引。

双刃劍不如說被利用爲台灣人的武器。是年春天由林獻堂、甘得中（一八八三年生，彰化市人）開始籌劃設立台中中學供台灣人子弟就讀的運動，利用這個機會獲得強而有力的推動。（翌年開花結果。台中一中的前身。）

台灣人的反應過於熱烈，使總督府爲之震驚，第二年就下令解散同化會，並且把板垣一行趕出台灣。可是一旦點燃的希望之火却越燒越旺，許多台灣人猛然覺醒。他們認爲日本國內的人比較講理，於是掀起一股留日熱潮。

台中霧峰的大地主林獻堂，當時三十四歲，正値壯年。他沒有受過日本教育，但漢學素養很深厚。一九〇七年（明治四〇年）春天，他第一次到日本旅行，在奈良的旅館和梁啓超見面，就台灣應該走的路向其請教。他們兩個人語言不通，以筆交談，梁啓超告訴他：

「中國在今後三十年，斷無能力幫助台人爭取自由。故台灣同胞，切勿輕擧妄動，而供無謂之犧牲。最好倣效愛爾蘭人對付英本國之手段，厚結日本中央政界之顯要，以牽制台灣總督府之政治，使其不敢過份壓迫台人。」（摘自一九六〇年一二月發行，羅萬俥等編「林獻堂先生紀念集」）

林獻堂深爲感謝，請梁啓超以後找機會前往台灣，和他道別。（梁啓超於一九一一年春天來台，在林獻堂家作客，留下許多時事詩。）

蔡培火（一八九〇年生，台南市人，現任國民政府政務委員）原是公學校教員，因爲替林獻堂和板垣退助翻譯而被免職。林獻堂出學費讓他到東京高等師範學校留學。一九一八年（大正七年）八月，林獻堂爲逃避島內的彈壓，前往東京，由蔡培火居中介紹認識許多留學生，爾後長期捐出大筆的運動資金，加以鼓勵。

留學「本國」的青年站在最前面搞殖民地解放運動，這可以說是很具諷刺性的一個公式，台灣不期而然地按照這個公式。在島內連中等教育都無法充分接受，更談不上接受高等教育的台灣青年，從大正初年就開始零零星星地到日本留學，一九二〇年其數已達四百人。這一年日語的普及率是一千個台灣人中有二八・六人會日語。

一九一八年（大正七年）冬天，林獻堂在神田中華第一樓召集蔡培火、蔡式穀（一八八五年生，新竹市人）、林呈祿（一八八七年生，新竹州人）等留學生主要分子二十餘名，以「對台灣應如何努力」爲主題，擧行討論會。結果有同化肯定論、同化否定論、大亞細亞主義、回歸中國論，意見不一，充分顯示了台灣人的苦悶。經過激烈的辯論後，與會人士一致同意以發起運動廢除總督專制的根本——六三法爲當前的目標。

廢除六三法運動附帶地產生了啓發會，這個會的目的在於喚起日本國內對台灣現狀的正確認識。廢除六三法運動無異以日本國內延伸主義爲思想背景，民族主義者一派當然抱着很強烈的不滿。

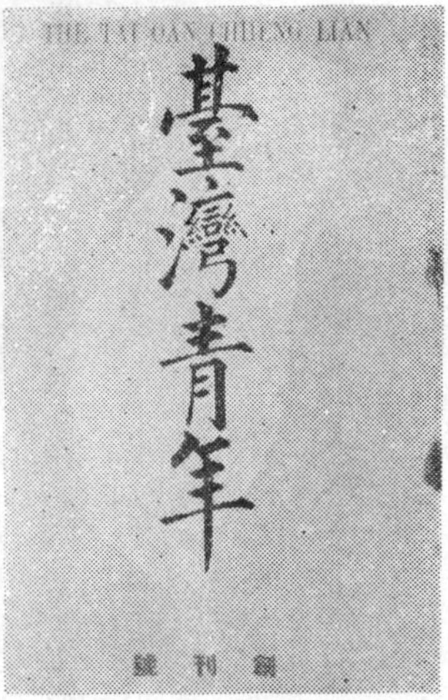

台灣青年

第一次大戰結束（一九一八年），民族自決的風潮盛行於世界各地，思想尖銳化的留學生對啓發會棄之不顧，另外組織要求台灣高度自治的新民會（一九二〇年三月，林獻堂被推爲會長）。

當時朝鮮發生三一獨立運動（一九一九年），大大地震撼了日本朝野。第一任文官總督田健治郎倉促到台灣上任，是在這個運動出現後不久。這裏有一段插曲。某日，大日本平和協會（會長阪谷芳郎男爵）邀請台灣和朝鮮留學生主要分子舉行座談會，出席的日本人在會中表示日本必須早日讓這兩個殖民地自治，台灣學生認爲這個發言正中下懷，極爲高興，但朝鮮學生卻憤然退席，認爲非獨立不可。與其說是台灣人沒有骨氣，不如說是双方的歷史背景不同。

新民會倣效中國的革命雜誌「新青年」，發行「台灣青年」月刊（發行人蔡培火）。政治運動從啓蒙和宣傳開始，這也是公式。「台灣青年」後來改稱「台灣」，又改爲「台灣民報」週刊，昭和以後獲准在島內發行，接着又發展爲日報「台灣新民報」（一九二九年一月，社長林獻堂），成爲政治運動最大的武器。

一九二一年（大正一〇年），新民會推動設立台灣議會請願運動，島內也起來呼應。所謂台灣議會，就是在島內進行自由民主選舉，由被選出的議員，對總督擁有的律令權以及片面的編列預算，行使審議權和贊助權。

他們向帝國議會示威請願，高歌下面這一首歌：

世界和平　新紀元

歐風美雨　思想波瀾

人類莫相殘　慶同歡

看看看　崇高玉山

看看看　美麗台灣

俄國革命，殖民地的獨立，美國總統威爾森提倡的民族自決的原則，給被欺凌的台灣人的民心帶來多大的鼓舞！搾取和壓迫已經受夠。巍峩的玉山是團結的象徵。讓美麗之島台灣化爲現實……

從林獻堂帶頭簽名向一九二一年一月召集的第四十四屆帝國議會提出請願書以來，到一九三四年（昭和九年）的第六十五屆議會爲止，幾乎每一屆議會都有數百名到兩千名的台灣有力人士聯名提出請願，廣泛而且鍥而不捨地繼續展開運動。

9　文化協會的理想和現實

在這種時機的醞釀下，一九二一年十月，擁有兩千名會員的台灣文化協會在台北創立。林獻堂膺選爲總理，蔣渭水、蔡培火等人當選爲幹事。這個會是台灣知識階層的一個大規模聯合組織，會員都是中產階級以上，包括地主、商業資本家、公務員、醫生、教員、學生、薪水階級等等。

它的目標和手段，明確地表示於蔣渭水起草的宣言中：

「台灣人負着媒介中日親善的使命。中日親善是亞細亞民族聯盟的前提。亞細亞民族聯盟是世界和平的前提。世界和平是人類最大的幸福，也是最大的願望。

所以我們台灣人媒介中日親善，策劃亞細亞民族聯盟的動機，乃因具有帶來人類最大幸福——世界和平的使命。直率地說，台灣人掌握着可以帶來世界和平的第一道關門的鑰匙。這實在是有意義而重大的使命。

我們一旦猛然覺悟到這個重大使命，就必須完成這個使命。本會的設立就是爲了培養能夠完成這個使命的人材。」（摘自一九三一年一月，台灣新民報社發行，謝春木著「台灣人的要求」一六頁）

蔣渭水是宜蘭人，台北醫專畢業後，在大稻埕開設大安醫院行醫，當時三十二歲。醫生參與政治，後藤新平本人就是如此，如果他認爲台灣人萬萬不會有這一招，心存輕視，那就是他估計錯誤。

1926年在台中舉行的台灣文化協會理事會，正中是少壯時代的林獻堂

蔣渭水揭櫫的文化協會的目標，氣魄恢宏，足以向全世界誇耀。台灣人擔任中日親善的媒介，爲亞洲的和平與繁榮作出貢獻，現在仍是台灣人的理想。因爲世界上台灣人最瞭解中國人和日本人。

但要實現這個理想，首先必須認淸自己既非中國人亦非日本人，而是第三個民族的立場，加以主張並獲得承認。如果以中國人自居，利用所謂中日親善作爲抵抗日本的權宜之計，總有一天會被拆穿西洋鏡，受到彈壓。如果以日本人自居，高喊中日親善，爲虎作倀幫助日本人侵略中國，同樣會被中國人看破手脚，爲中國人所不齒。

然而蔣渭水以及當時許多台灣的政治運動家，在觀念上抱着中國人的意識，不容諱言。他們對過去的台灣歷史認識淺薄，正面受到日本帝國主義的剝削和壓迫。

他們對中國的實際情形不甚了了，對隨便加以美化的「祖國」，寄以鄉愁。一部分台灣人有機會到中國親身接觸，耳聞目睹，却有一個通病就是只看好的一面，把它擴大解釋說給別人聽，而且因爲屬於新知識，具有影響力。他們以中日親善的媒介自許，這種胸襟雖然可貴，但總是對中國有所偏袒，不容爭辯。

中日親善的大目標已經提出，究竟採取什麼手段來達成？我們繼續看看宣言的內容：

「但是台灣人實際有病。不治好這個病，將無法造就人材。所以目前本會必須先治好這個病根。我所診斷的台灣人的病症是知識的營養不良症。因此如非服用知識上的營養品，這個病症絕對治不好。文化運動是針對這個病症的唯一根本治療方法。文化協會是專門講求和實施根本治療方法的機關。」

謝春木以自嘲的口吻下評語說：「有始如脫兎終如處女之感」，其實卽使好像繞一個大彎，似乎也只有這個方法，而且唯有抑制到這個程度，才能避免總督府的彈壓和統轄複雜的組成分子。

文化協會精力充沛地在全島各地設立讀報所，擧辦文化演講會，巡廻上演戲劇電影，開設暑期補習班，推行羅馬字普及運動。但一年後總督府就施加壓力。總督府首先對在政府機關和公營企業工作的人員，以革職威脅他們退會。對林獻堂等地主和資本家，則暗示要收回或停止銀行貸款，使他們意氣沮喪。對於部分會員將本部轉移到台灣總督府法令適用地區外的東京而成立的台灣議會促成同盟會（一九二三年二月），則以違反治安警察法爲理由迫其解散，不惜採取全面逮捕領導幹部的暴擧。

因爲在任何殖民地的文化運動都會成爲政治運動的一環這種必然性之下，文化協會當時已經成爲台灣人反官方、反政府的各種運動的大本營。

10 「當十足的日本人有何不可」

一九二三年十一月，辜顯榮在總督府的支持下組織公益會，對文化協會加以攻擊。

辜顯榮認定反日政治運動是受到猶太人征服世界的危險思想操縱的結果，慨嘆東方數千年來的儒教精神已經掃地。爲了挽救「澆薄之世」，他在台北大龍峒重建宏偉的孔子廟，而且大言不慚說自己是解救台灣的甘地。台灣人憎恨辜顯榮，作諷刺詩嘲笑他：

辜顯榮比顏智（顏智＝甘地）

破尿壺比玉器

蕃薯簽比魚翅（蕃薯簽＝曬乾的地瓜片）

辜顯榮發表文章反駁說：

「有人謂余出賣台灣以求富貴顯達，此種攻擊究竟有何根據？照支那古來大義，仕於當時朝廷，不論其地位職務如何輕微，如又仕於其他朝廷，即係仕於二朝，不忠不義，莫甚於此。如係平民而非官吏，可免此責。

帝國佔領台灣之前，余本是清朝微民並非官吏，然則攻擊本人抱二心變節，實極不當。余並非背叛清國。清國皇帝將台灣割讓給日本帝國，所以堂堂成爲日本帝國之臣民。

而既爲日本臣民，盡忠於日本帝國，拯救我三百六十萬同胞，是本人微衷。因此爲掃蕩土匪，余自任日本帝國之耳目手足，竭盡全力。本人相信這是對日本帝國盡忠，因爲對於我三百萬同胞而

言，土匪係威脅其生命財產之賊……」（摘自一九三九年六月發行，尾崎秀太郎編「辜顯榮傳」三四三頁）

這篇文章原文是日文，辜顯榮不懂日文，顯然不是他親自寫的，但大概表達了他的心聲。一口咬定這是「御用紳士惱羞成怒的辯駁」，固然很容易，不過對投降清軍獻計奪取中原的洪承疇的苦悶，日軍佔領下的維新政府的苦悶，盟軍佔領下的日本政府的苦悶能夠同情的人，對於辜顯榮的苦悶大概也能同情。

辜顯榮對日本帝國主義給予什麼評價？

「若以公平眼光觀察帝國佔領台灣以後而至今日三十年間之治績，我台灣島民之如，應爲地球上各國人民中最幸福之人民之一。試觀對岸之支那則明其故。

支那自前清被推翻，建立中華民國以迄今日，動亂相繼，號稱共和政治，實則各省均有督軍，在其管轄範圍內各自爲政，一味熱中於互爭權勢，橫徵暴斂，強迫攤捐公帑……

與此相比，我台灣究竟如何？全島土匪一舉廓清迄今二十餘年，一次也未曾發生戰亂。島內和氣洋洋，一片昇平景象。而且台灣人不會被徵調服兵役。如此幸福之人民在世界上什麼地方可以尋得……

要言之，台灣現在之富裕比前清時代增加數十百倍。可證之於事實者係台灣人民生活之提高……」（前引「辜顯榮傳」三四四～三四五頁）

這種比較論，在被推爲台灣民主國議長而不就，逃往厦門觀望形勢的林維源內心也存在。據說林維源每從旅客口中聽到後來台灣開發建設的情形，常面帶無法形容的複雜表情，頻頻點頭。他留在台灣的龐大家產和許多子孫，在日據時代不斷繁榮，到國民政府時代則日趨式微，實在是一大諷刺。

11　勃興中出現分裂

對台灣議會促成同盟的非法彈壓，可以說是總督府唯恐文化協會推動的文化運動會產生「陽性反應」，轉化爲政治運動，而先下手爲強採取的攻擊。但和預期相反，結果却促使所有台灣人奮起，而且在日本國內有識之士間掀起同情的浪潮。受到公開審判的十八名幹部是：

蔣渭水　蔡培火　蔡惠如　林幼春　林呈祿　石煥長　陳逢源　王敏川　蔡式穀
吳清波　林伯廷　蔡年亨　林篤勳　鄭崧筠　韓石泉　吳海水　石錫勳　蔡先於

這當中，韓石泉、蔡先於、王敏川、吳清波、吳海水被判無罪，其餘的最高處以四個月的徒刑。他們出獄後受到民衆的歡迎，有如凱旋將軍。恰當其時，圍繞着日本和中國的政治情勢動盪不定，它也反映於台灣，人們開始高喊「搞實際運動」的口號。具體上是推動下面的運動：

⑴爭取留學生自由利用高砂寮（在東京）權利運動
⑵降低桃園、苗栗等地區電費運動
⑶香蕉自由販賣運動
⑷新民會改善地方自治的建議

⑸婦女共勵會的婦女運動

⑹破除陋習運動

⑺張我軍的打倒舊文學運動

最重大的事件就是農民運動的勃興。

一九二四年（大正十三年）十二月，文化協會在中部二林開設的農村講座，促使附近各村的蔗農產生自覺。當時蓬萊米試種成功，給全島的蔗農帶來嚴重的影響，使他們深切感到必須團結一致保護自己的利益，以免受到製糖公司的剝削。

結果，一九二五年（大正十四年）六月，蔗農組合（工會）在二林成立。詹奕侯、劉崧甫、陳萬勤、謝鐵、謝黨、李應章、戴成等人行動最爲積極。他們立刻和製糖公司發生衝突，受到警察的彈壓而告失敗，但給各地蔗農和製糖公司帶來很大的影響。

同年十一月，九十五個佃農在鳳山組成鳳山農民組合。積極活動的有簡吉、黃石順、陳振賢、梁國等人。他們和想要搶走他們土地的陳中和物產公司激烈鬪爭，獲得勝利。

一九二六年（昭和元年）六月，二林蔗農組合跟鳳山農民組合在鳳山合併，成立台灣農民組合，會員二四、一〇〇人。

在農民運動勃興的刺激下，以前就醞釀改革組織的文化協會，在一九二七年（昭和二年）一月召開臨時大會，討論改革問題，幹部們在思想上的對立趨於明顯，針鋒相對，終於發生分裂。

林獻堂、蔡培火等人極力主張應該沿襲旣往，停留於文化運動的範圍內；王敏川、連溫卿等人主

林獻堂

張應轉換爲農民運動；蔣渭水則標榜全民運動，也就是民族的整體解放運動。王敏川和連溫卿的提案，學自當時輸入的馬克斯主義革命路線。蔣渭水的提案是從一九二四年一月的國共合作得到暗示。王、連二人的提案，由於事先動員翁澤生等人的「無產青年」集團進行有組織的投票，在大會中獲得通過。老幹部認爲文化協會已被「無產青年」集團把持，連袂退會。

同年七月，由一些老幹部在台中組成的台灣民衆黨，是日據時代和國民政府時代，台灣人擁有的頭一個也是最後一個政黨。黃旺成被推爲主席，設二十一名中央執行委員和十四名中央常務委員，在全島各地擁有四百三十九名黨員，以「確立民本政治，建設合理的經濟組織，排除社會制度的缺陷」爲綱領，高喊「同胞須團結，團結眞有力」的口號。

文化協會的分裂使林獻堂內心受到很深的創傷，他在五月啓程漫遊世界，他的分身蔡培火在民衆黨內事事和蔣渭水對立。結果，民衆黨實際上由第三號人物謝春木（台南市人，卽曾經在中共活躍一時的謝南光其人）領導。

民衆黨爲了爭取農民和工人，跟文化協會發生競爭，特別是在將工人納入指揮下這一方面得到成功。在民衆黨的安排下，一九二八年二月，工友總聯盟在台北正式成立，將二十八個單位總人數六千餘名的工會納入組織。

工友總聯盟領導了許多大大小小的勞資糾紛，例如對高雄淺野水泥公司的罷工，對台南製鹽公司的罷工等等，使落後的勞工運動掀起高潮。但台灣勞工運動致命的缺陷就是：屬於近代工業的工廠工人爲數極少。

民衆黨領導的鬪爭中，值得記念的有鴉片新換牌照問題（一九二九年四月），台南的墓地遷移問題（一九二八年五月），總督府徇私出售土地不當問題（一九二七年十月）。

到一九三〇年八月，民衆黨更進一步分裂。由於謝春木、蔣渭水、廖進平等主流派越來越左傾，總督府的壓迫日益加劇，蔡培火、蔡式穀、洪元煌、陳逢源、楊肇嘉等穩健派遂告脫離。

不出所料，民衆黨在一九三一年（昭和六年）二月被下令解散，謝春木逃往大陸，蔣渭水則在八月病死。

穩健派接下棒子，在八月成立台灣地方自治聯盟，推林獻堂爲顧問，繼續要求地方自治和請願設置台灣議會。一九三七年（昭和十二年）七月，中日戰爭一爆發，聯盟就倉皇自動解散。

林獻堂在一九四〇年（昭和十五年）所詠「六十述懷」一詩，動人心弦。

民權重自由　言論加壓逼
未甘久雌伏　一奮冲霄翮
糾合諸同志　上書請變革
台灣宜自治　議會應採擇
帝京冒風雪　歷訪官紳宅
力說重民意　猜疑未能釋
或憫其愚蒙　或視爲叛逆

成敗一任天　犧牲何足惜
奔走二十年　此心徒自赤
問君何所得　所得双鬢白
（摘自前引書「林獻堂先生紀念集」）

12　台灣共產黨和日共、中共

台灣共產黨的創始人是謝雪紅（謝阿女）。她是一九〇〇年（明治三十三年）出生於彰化的貧苦家庭。十三歲父母雙亡，十五歲被賣爲妾，也當過製糖公司女工，一九一七年（大正六年）隨情夫東渡神戶，一面工作一面學日語和北京話。一九二〇年返台，隨卽加入文化協會，從事婦女運動。一九二五年，爲了逃避彈壓，和林木順（「台灣二月革命」的作者）赴上海，進入瞿秋白、鄧中夏等人盤踞的上海大學，五卅運動時活躍於最前列。因此引起中國共產主義青年團的注目，双双被推薦到莫斯科的東方工人共產主義大學留學。原先屬於中國留學生班，後因台灣爲日本的殖民地，改編到日本留學生班，跟當時前來接受指令的德田球一（戰後的日共書記長）認識。

一九二七年（昭和二年）十一月，謝、林二人接到共產國際籌組台灣共產黨的指令，跟德田球一連袂返日，十二月在東京接受日共中央常務委員渡邊政之輔、佐野學的指導，擬訂台灣共產黨的組織綱領、政治綱領草案。

翌年二月，謝、林二人前往上海進行準備，四月終於在上海法國租界成立台灣共產黨。當時的班底是中央常務委員林木順、林日高（在二二八叛亂中被殺）、蔡孝乾（詳後）、侯朝宗（劉啓光的本名，一九〇五年生，嘉義縣人，曾任華南銀行董事長）、莊春火以及候補中央委員謝雪紅、翁澤生。

台灣共產黨應該屬於日共或中共，謝、林和蔡、翁之間發生激烈的爭論，謝、林以共產國際的指令為後盾，貫徹自己的主張。組黨之際，通過下面四項綱領：

⑴推翻日本帝國主義的統治，使台灣獨立。

⑵沒收日本帝國主義在台灣的財產、土地、企業、銀行。

⑶實行土地改革，消滅封建的剝削制度。

⑷在台灣建立獨立民主政府。

台灣共產黨明確地標榜建立獨立政府，這一點值得注目。

組黨後，林日高、潘欽信、謝玉葉立刻潛入台灣，在高度秘密下開始運動。但留在上海的其他人被日本駐上海總領事館警察逮捕，押解到台灣。謝、林、蔡三人巧言搪塞，不久就被釋放，其餘的都被處一年到兩年的有期徒刑。

蔡孝乾獲釋後逃往大陸，從福建進入江西蘇維埃地區，得到毛澤東的信任。到一九四五年日本戰敗後奉命潛入台灣為止，他是唯一在中共身居要職的台灣人。

另一方面，在上海漏網的翁澤生，其後組織上海台灣青年團，從事反日宣傳工作，能力受到中共頭子極高的評價，但不久就病死。

蔡孝乾和翁澤生的活動，實際上只是台灣人作為中國共產黨員的活動，跟以下所述台灣共產黨的活動毫無關係，必須注意。

謝雪紅和林木順被釋放後，立刻前往台中，參加文化協會和農民組合的活動，跟這兩個團體保持聯絡後，到台北經營書店，暗中吸收黨員，搞地下工作。台灣共產黨滲透到已經左傾的文化協會、農民組合、工會，展開活動。隨着恐慌的嚴重，台灣人尤其是工人、農民日趨窮困，成為共產主義的溫床。正式黨員只有數十名，但他們執各組織中樞部門的牛耳，因此得以發揮驚人的力量。

結果，一九二九年（昭和四年）十一月，文化協會第三屆全島代表大會在彰化舉行時，受到山川均影響的社會民主主義者連溫卿，李規貞等人竟至被開除會籍。一九三〇年（昭和五年）是台灣共產黨的顛峯時期，是年八月，國際紅色工會同盟第五屆世界大會在莫斯科舉行，林木順代表台灣有組織的工人，跟日本勞動組合全國協議會代表紺野與次郎等人一齊出席，立誓和日本工人階級携手合作。屬下的各團體也都明確地提出反對帝國主義的口號，在各地進行罷工，參加勞動節等激烈的鬬爭。

一九三一年（昭和六年）六月，總督府忍無可忍，在島內各地同時搜捕，逮捕了謝雪紅、潘欽信、王萬得、蘇新等一百零八名跟共產黨有關係者。農民組合的陳崑崙、簡吉和文化協會的詹以昌、張茂良等人倖免被捕，在八月開始重新建黨。由於事機洩漏，十一月又有九十一人被捕。共產黨再堅強也經不起前後兩次的大量逮捕，遂告全面瓦解，文化協會、農民組合也受到很大的打擊，停止活動。他們最重的被判有期徒刑十五年。

對於台灣共產黨的奮戰苦鬬，日共很想多方給予支援，設立民族部進行指導，透過「赤旗」發表鼓勵的文章，但因被迫自保，轉入地下活動，顯得鞭長莫及。

另一方面，中共以一九二七年（昭和二年）夏天第一次國共合作的崩潰爲轉捩點，以前的陳獨秀路線被視爲右傾機會主義，受到排斥，瞿秋白、李立三的左傾機會主義取而代之，毛澤東、朱德另樹旗幟，盤踞於井崗山、瑞金，獨自搞遊擊戰（一九二八～一九三四年）。

因此，台灣共產黨跟現在的中共頭子並無任何關係，和當時潛伏於上海法國租界的瞿秋白、李立三、澎湃、陳紹禹、秦邦憲等人雖有接觸，也只是暫時性而且並不充分。現在的中共瞧不起二二八叛亂失敗後投靠的謝雪紅、林木順等人，攻擊他們是「土共」或「地方民族主義者」，最後加以整肅，不能不說由來已久。

13 兩博士的批判和評價

法西斯的風暴摧毀台灣人一切的政治鬪爭，接踵而至的瘋狂的皇民化運動，使下一代台灣人的意識形態產生複雜的變化。在說明這個過程之前，先介紹兩個日本學者的批判和評價，以供讀者參考。

矢內原忠雄博士在不朽的名著「帝國主義下的台灣」（一九二九年十月岩波書店發行，出版後即遭查禁）中批判說：

「台灣的社會運動尚在其歷史的開端。嚴格地說，台灣由於農村以及殖民地的關係，尚未具有能够發展形態純粹的無產階級運動的社會條件。當然，資本家的企業已經達成壟斷集中。可是它主要屬於製糖業，與此有關係的本島民衆大部分爲農民，教育文化程度尙甚低，農民組合的成員號稱兩萬以上，但其內部結合及訓練大概不够。

在馬克斯主義社會鬪爭理論中，應居於領導地位的工業勞動者階級的發達，在缺少純粹大工業的台灣，更難免不充分。不僅如此，如上所述，實際的經濟鬪爭多以總督府的土地及產業政策爲直接對象，而且在對總督府以及大資本家的關係方面，本島人各階級能够採取共同行動的狀況下，純粹排他的無產階級運動，並未具備能充分成立的社會基礎。

文化協會的分裂，農民組合的轉向馬克斯主義，與其說是由來於台灣社會本身的現實因素，不如說宛如外來思想影響所及造成的概念上的產物。

因此，台灣作爲一個殖民地，它的社會運動必然而然只能是超越階級的全民運動。問題只是當中應由什麼階級居於領導地位。決定這個問題的也無非是其社會因素。

而在台灣，農業勞動者生活程度很低，教育普及率還不高，迷信不少，相反地，中產階級知識階級居於有力的地位，擁有實力。這是在朝鮮畢竟無法看到的狀態。

是故，在本島人尙無任何日報，尙未獲得任何參政權的台灣，恐怕必須以中產階級爲中心，結合有產無產二者，進行全民運動，藉以領導爭取政治自由的鬪爭，爭取到之後，台灣社會才會逐漸成爲正規的現代社會，階級的對立關係才能在單純而明瞭的基礎上發展。這是愛爾蘭的歷史也曾顯示的有如殖民地的政治發展法則。」（二五一～二五三頁）

「帝國主義下的台灣」成爲後來的台灣知識分子的聖經。留學日本的台灣青年，找遍圖書館或研究室，借出這本書反復咀嚼。筆者本身現在還無法忘記當時所受的感動。

此處所指出的是將近四十年前的台灣的政治環境，很遺憾地，它原則上仍然適用於今天（參閱一九六三年五月，古今書院發行，細野、糠谷等人所著「台灣的面貌」九〇頁）。也許有很多人難以相信，如果讀了下一章，大概就會同意筆者的說法。

向山寬夫博士在厚達兩千頁的長篇大論「日本統治下的台灣民族運動史」中，對台灣人五十一年來的民族運動作如下的評價：

「台灣人以阻止將台灣割讓給日本的台灣民主國保衞戰所代表的民族總抵抗爲起點，繼其之後又展開武力抗日運動，並且在以確立資本主義爲目的的資本根本蓄積時期，再度掀起一連串的武力抗日運動，進一步又發展布爾喬亞民族運動，從當中分化出無產階級民族運動，最後則維持戰爭期間在中國大陸的抗日運動——在長達半世紀的整個日本統治期間，始終像一根紅線強韌不斷，鍥而不捨地，而且沿着殖民地民族運動典型發展路線，展開民族運動。

台灣人的抗日民族運動，雖然未能達到靠自己的力量從日本的統治中解放出來的目的，但作爲殖民地民族運動，却是台灣人能永遠引以爲榮去回憶的。」（第八章「總括」）

對向山博士特意下的評語，在今天有很多台灣人和日本人不敢單純地接受，這可以說是悲劇。原因除了對史實的認識不够和某種偏見之外，還由於對下節提到的各種事實無法給予正確的評價，內心不能釋然的緣故。

14　苦悶中的蛻變

在一九三一年（昭和六年）的九一八事變中揭開序幕，其後持續十五年之久的日本帝國主義侵略戰爭，當然也強迫台灣人付出極大的犧牲，留下有形無形的傷痕，到現在還無法復原。

戰爭一下子就把台灣人到當時爲止所作的公開政治鬪爭加以扼殺。取而代之的除了不斷的增稅，強迫儲蓄，分攤戰時公債，獻繳金錢和貴重物品等金錢方面的負擔外，還強迫付出人力上的犧牲，例如徵用軍夫、翻譯、軍需工（被派往南洋日軍佔領地區的台灣人，包括高山族，共九二、七四八人，被日本國內的兵工廠徵用的台灣人約八千人）、義務勞動（總人數二七～三〇萬人）、志願兵、徵兵（一九四五年一月實施，有二萬二千人出征）等等。

另一方面則加強日語的強迫使用和風俗習慣的日本化。同化政策是統治台灣的基本方針，到這個時候更是不管三七二十一大力推動，還美其名爲皇民化運動。台灣人中所謂「大正郎」（略及於昭和初期），就是在這個環境中成長，接受完全的日語教育。

「不學國語（日語）者罰款！」

「執行公務時使用台語者革職！」

「台語和中文絕對禁止！不滿意者滾到支那去！」

日語的普及率就這樣被迫迅速提高。

一九〇五年（明治三十八年）　〇・三八％
一九一五年（大正四年）　一・六三％
一九二〇年（大正九年）　二・八六％
一九三〇年（昭和五年）　一二・三六％
一九三七年（昭和十二年）　三七・八六％
一九四一年（昭和十六年）　五七・〇二％
一九四四年（昭和十九年）　七一・〇〇％

日語的使用並非僅止於語言的問題。語言是表情達意的手段，學習量達到某一程度，就會引起質變，還會規定思考方式和世界觀。當然，語言背後的文化體系的優劣對這一點發揮極大的作用。不知道這是幸運或不幸，台灣人由於日語和日本文化而從封建社會蛻變到現代社會，因此日語似乎可以說給台灣人帶來相當大的質變。

但是如果說日本人的教育都離不開皇民化運動，未免偏差。一部分自由主義者，對法西斯浪潮不斷進行勇敢的抵抗，跟日本國內並無兩樣。

例如一九二六年（昭和元年）創立的台北高等學校，可稱爲台灣自由主義的聖地，一直到戰爭結束被取消爲止，共有一千數百個畢業生，其中數百名台灣學生跟日本學生一起援受兩道白線和蔽衣破帽所代表的自由主義教育。

當時已經有許多台灣的知識分子，在日本國內和台灣島內，處於跟日本人幾乎無法區別的狀態下，和日本人並肩活躍。前往中國和滿洲、南洋打天下的台灣人，被當地人視爲日本人，體味到優越感。

文學家可說是最精通日語的台灣人。楊逵（新化人，二二八事件後被捕下獄）、呂赫若（豐原人，二二八事件後逃亡時死去）、龍瑛宗（新竹州北埔人）等許多優秀的台灣作家，發表熱烈的反帝國主義、反封建制度的殖民地文學，但必須以日語來寫，面對這個事實，他們一定抱着最大的苦悶。（爲避免誤解，在此補充一下。台灣話的文字書寫法，除了教會羅馬字外，未曾發明過完整的體系。主要原因在過度拘泥於漢字。）

知識階級和大衆所受皇民化運動的影響，程度不同。以下從表現於文學中的人物典型試加觀察。吳濁流（新竹竹埔人）在他寫的小說「胡太明」（又名「被歪曲的島嶼」，戰後在台灣出版，一九五六年在日本再版）的自序中說：

「胡太明的一生，是這一段被歪曲的歷史的犧牲者。他爲了尋找精神上的寄託，離鄉背井，流浪到日本，也去過大陸。但什麼地方也沒有可以讓他安居的樂土。因此他一生悶悶不樂，覺得灰暗憂鬱，不斷憧憬理想，經常被理想遺棄，最後遭遇戰爭的殘酷現實，不堪一擊，一度發狂。」

周金波的「志願兵」（刊載於一九四一年九月發行的「文藝台灣」）中有下面一段。對留學東京回到台灣的張明貴提出的疑問，只有小學畢業改名爲高峰進六的高進六反駁說：

「那是你認識不够。拜神時兩手拍擊，是要由衆神引導，接近衆神。……政教合一不是皇道政治的根源嗎？我們（青年報國隊）隊員靠兩手拍擊努力接觸大和精神，體驗大和精神。這個體驗是

高砂義勇兵出征餞行圖

以往的本島青年連期望都不敢期望的寶貴的體驗。」

高雄州潮州郡巴克秀（Bakuhyo）青年團團長達利昂（Darian）曾留下內容如次的血書：

「天皇陛下萬歲。我是日本男兒，有大和精神。不管多艱苦的事，如果是爲了天皇陛下，爲了國家，我不會以爲苦。請讓我當軍夫。」（關於文學，參閱一九六三年二月，普通社發行，尾崎秀樹著「近代文學的傷痕」）

達利昂不過是軍夫，但以「高砂義勇兵」的名義到南方戰線作戰的八百名左右的高山族所顯示的幹勁，比日本人有過之而無不及（參閱一九六三年七月發行的「オール讀物」八月號所載，福本和也：「高砂義勇軍始末記」）。

這一點令人覺得，日本人豈止在實施和三

百年前的荷蘭人一樣的懷柔政策上得到成功，更進一層，日本教育還給高山族帶來某種精神上的變化。

儘管如此，日本人對台灣人仍然無法放心，台灣人也無法從內心相信日本人。尤其日本跟美國和英國敵對，進行軍事上的一大冒險，使台灣人對日本的前途抱着很大的不安和期待。不安的是：日本戰敗時，會發生混亂；日本戰勝時，日本人會更加橫行霸道。期待的是：日本戰敗時，台灣可能解放；日本戰勝時，台灣會更加發展。大多數台灣人的心情是聽天由命，但有一些人採取行動，積極參與歷史的策劃，這是理所當然的。

一九四一年（昭和十六年）十一月歐清石、郭國基等人的間諜嫌疑事件（東港事件），一九四三年（昭和十八年）的台北帝大學生蔡忠恕陰謀事件，一九四四年（昭和十九年）的蘇澳漁夫間諜事件等等即其表現。

敏感地把握到台灣人這種動向的日本人，例如第十方面軍司令官安藤利吉大將（後來當台灣總督），曾召集在台灣的日本有力人士，毫不忌諱地曉諭如下：

「佔領台灣五十年。如今，歷任總督政績的考核表將清清楚楚擺在眼前。換言之，如果統治眞正掌握了民心，卽使敵人登陸，全島化爲戰場，台灣同胞也會協助我皇軍，挺身粉碎登陸部隊。眞正的皇民化必須如此。但是，相反地，台灣同胞萬一和敵人的登陸部隊內應外通，從背後偷襲我皇軍，情形不就極爲嚴重？而且，據本人所見，對台灣同胞並無絕對加以信賴的勇氣和自信。」（摘自一九四八年發行，伊藤金次郎著「台灣記實」）

一九四四年秋天的雷特島海戰以來，台灣各地遭受美國空軍猛烈的轟炸，日本已經敗象畢露。當時台灣人聚在一起就竊竊私語的話題是：日本什麼時候投降？台灣似乎會成爲中國的領土，到底會面臨什麼情況？

獨裁者全家福

第七章 和中國人全面針鋒相對

——國民政府時代（一九四五～一九六三年）

1 狗去猪來

現在回想起來，接受國民政府統治的台灣人的命運，似乎一開頭就註定如此，不過有先見之明的台灣人也不是沒有。

根據尾崎秀樹的報告，日本戰敗不到三天，有一個台灣學生兵——台北帝大文政學院三年級學生坦白地向他表示：

「日本戰敗，台灣光復。蔣介石的軍隊大概會來。但是台灣的人民生活程度高很多。這是日本五十年統治的結果。我們無法跟着他們走。既然如此，應該怎麼辦才好？第三條路就是獨立，跟日本和中國都平等來往。」（尾崎秀樹前引書一〇〇頁）

同一時候，台灣有力人士擔心台灣的命運，爲了決定台灣人應走的道路，不斷秘密聚會。所有參加聚會的人都主張台灣人的台灣、台灣門羅主義。至於具體上應該如何推動，却無法定下方針。對於協約國的台灣政策，他們看不出任何苗頭，也摸不清國民政府會對台灣採取什麼態度。很明顯的事實就是，不能從安藤總督指揮下的日軍取得任何方式的合作。因此一般認爲最聰明的辦法是觀望形勢，獨立的計劃屈服於機會主義的大勢下，化爲泡影。

反抗日本政府的人和幫助日本政府的人不能同心協力，背地裏互相對立，也是使這個計劃停留在密謀階段的原因之一。但更主要的原因大概是台灣人沒有大衆傳播的手段，使他們無法和一般民衆打成一片（參閱一九六一年二月發行的「台灣青年」第六期所載「八一五獨立運動」）。

一般民衆對他們的憂慮和苦悶漠不關心，沈醉於單純的歡欣中。台灣人當初歡天喜地，情況熱烈的程度使日本人慨歎皇民化運動只是一場夢幻，使中國人產生怯意。台灣人本身也不很瞭解這種複雜的深層心理。現在試加反省，大概是下面這種心理：

「第一是單純的喜悅——不論是勝是敗，總之戰爭已經結束。第二層的喜悅是五十年來的統治者被打倒，隸屬關係宣告解除。第三層的喜悅是中國打敗日本把自己解放出來。第四層的喜悅是今後大概能在中國的政治圈子內行使平等的政治權利。」（摘自一九六二年四月，「世界」所載，王育德：「某個台灣獨立論者的主張」）

實際上，戰爭一結束，食糧和民生必需品就像斷線風箏一樣，不斷漲價，社會秩序就像箍圈鬆散的木桶一樣，分崩離析，使台灣人手足無措，沒有想到會變成這樣。

等他們接觸到搶先坐帆船——這是台灣人已經很久沒看到的——前來台灣的中國人所穿的奇裝異服，所說的一句也聽不懂的話，所表現的脫離常軌的行爲，又在基隆碼頭看到中國兵衣衫襤褸的窮相和散漫的軍紀，不得不啼笑皆非，一開始就對將來感到不安。

但是台灣人對中國人非常寬大，達到卑躬屈膝的程度。因爲台灣人知道自己的罪行——不但對台灣人的解放沒有發揮任何主動的作用，而且表面上等於幫助日本侵略中國——抱着強烈的自卑感。利

陳　儀

用這個弱點，中國人以征服者自居，君臨台灣，傍若無人。

「新長官（指台灣省行政長官兼台灣警備總司令陳儀。掌握着比日據時代的武官總督大很多的立法、行政、司法三權和兵權。）率領傲慢的隨員抵達台灣。隨員們以巧妙的手段不斷向台灣剝削。加之，以前就住在島上的人，相繼被排斥於社會上重要地位之外，令人覺得征服者的統治再度開始。……陳儀和他的隨員們冷酷、腐敗、貪婪，無所不用其極，在幸福溫順的居民頭上，濫用他們的統治權。軍隊採取的行動有如征服者。秘密警察公然進行威脅，使中央政府的官吏更容易剝削。」（一九四九年「中國白皮書」，朝日新聞社譯刊，三〇八～三〇九頁）

中國人在不到一年半的短短期間，把台灣搞得烏煙瘴氣。林挺生（現任國民黨中央常務委員）在他公司內部發行的小報上，對台北的情形這樣描寫：

「……市內都是天天失業的人群，以及無法脫離貧窮的泥沼，過着牛馬一般的生活，一天不做工第二天就會餓死的苦力，外加上塵土、拉圾箱、臭水溝和亂七八糟的房子。街上充斥着東張西望找機會賺錢的神經質官員、銀行家、商人。……要是不多此一舉傳入各種文物，生活雖然原始，却較和平，像人樣而且寧靜。……勝利的榮冠在我們的頭上，我們已經光復。在戰爭中獲勝，但不可被通貨膨脹打敗。」（摘自前引「台灣青年」第六期所載，ＬＣＭ：「朱門酒肉臭，路有凍死骨」）

看到日本人和台灣人携手合作孜孜不倦建立起來的人口三十萬的現代都市台北一天比一天荒廢下去，身爲台灣人誰能不痛心？

台灣人對中國人的憤懣於是日趨強烈。而應該成爲双方的潤滑油，從大陸回來的台灣人（據說重慶聚集了四十餘人），除李萬居等極少數人外，都競向主子爭寵，叱責台灣人，幾乎都和中國人一樣沈迷於爭權奪利，所以被台灣人稱爲「半山」（半個「阿山」。「阿山」是鄙視來自唐山＝大陸的中國人的憎稱。）受到詛咒。

事到如今，台灣人才懷念起日據時代。台灣人鄙視日本人，罵他們是「狗」。「狗」雖然會叫，也會看門。中國人是「猪」。「猪」只會吃，一無可取。

有很多台灣人對準備離開台灣的日本人偸偸表示：「你們眞好。敗了還有祖國。但台灣人沒有祖國。」

2　二二八大叛亂

任何歷史上的大事件都是起於星星之火。一九四七年二月二十七日晚上，一支由中國人組成的公賣局緝私人員，在台北市大稻埕抓住一個來不及逃跑的台灣老太婆，加以毆打，而且對圍攏過來抗議的台灣人開槍射擊，打死一個人。當天晚上，本來就因嚴重的糧荒而形勢不穩的台北市，陷於異常興奮的狀態。

二二八全省處理委員會設在台北市中山堂

第二天，也就是二月二十八日，許多台北市民組成規模空前的示威遊行隊伍，蜂擁而至公賣局，要求處罰兇手並保證今後不再發生。中國官員早就聞風逃跑，示威隊伍衝入裏面，把貯藏的煙酒搬到外面焚燬。怒氣還不能平息的示威隊伍，又開往長官公署（日據時代爲台北市廳）陳情，沒想到遭遇機關槍同時掃射，有很多人死傷。

台北市民群情憤激一舉爆發，放火焚毀市內中國人的商店，看到中國人就加以毆打。佔領台北市廣播電台的一支隊伍，透過廣播報導台北市發生的事件，呼籲全島居民起來呼應把「猪仔」趕出台灣。成爲台灣歷史有決定性的轉捩點，有名的二二八大叛亂就這樣爆發。

叛亂在當天晚上波及台北縣各地和基隆。三月一日，向新竹、台中、彰化蔓延。三月二日，擴大到嘉義、台南、高雄、屏東。三月四日，把台灣東部捲入漩渦。起義的台灣人把政府機關、公營企業一律加以接收，殺傷來不及逃跑的中國人。

台灣人爲了維持秩序和確保食糧，在各地組織二二八處理委員會。三月四日，在台北成立全省處理委員會，內部組織設常務委員會，其下分爲處理局和政務局，前者轄總務、治安、調查、交通、糧食、財務各組，後者轄交涉、計劃各組。

這個委員會進一步發展的話，應該會成爲撤消長官公署的獨裁政治，並作爲由台灣人本身管理的新行政機構的母體。委員大部分推舉縣市參議員或地方有力人士擔任，但特務混在裏面擾亂的場面也不少。

另一方面，舊日本軍人、青年團體、學生組織認爲跟陳儀和談沒有用，主張立刻發動全面武力抗爭。

陳儀兵力不够，由於事出突然而狼狽不堪，開頭不得不僞裝和台灣人妥協的姿態，因此台灣人內部很快就出現認爲能够輕鬆取勝的氣氛。處理委員會陷入和平解決的幻想，壓倒武力抗爭派，擺出替台灣人和陳儀居間調停的姿勢。

但陳儀已經向蔣介石報告情況，要求迅速派軍增援，蔣介石立刻下令鎮壓。

在特務唔中活動流言蜚語滿天飛，人心惶惶的情況下，三月七日，處理委員會通過宣傳組組長王添灯起草的「三十二條要求」。「三十二條要求」的要點，由兩大部分構成。第一部分是有關政治形態的主張——在台灣實施高度自治；選台灣人當省長、各處處長、司法官；軍隊以台灣人爲主體編組等等。第二部分是對保障言論、出版、結社、罷工等基本人權的謳歌。

陳儀拖了兩天後，在三月八日斷然拒絕「三十二條要求」。因爲他在三月六日下午接到密電，知道本來預定開往華北前線的兩個師已經火速調來台灣，算好到達的時間。

果然，三月八日晚上到九日，援軍陸續登陸，看到台灣人就瘋狂展開殺戮。陳儀在這個時候就下令全島戒嚴，命令處理委員會等所有民間團體解散，開始大舉逮捕有關人士。

三月十日，電台播出蔣介石所謂處理方針，其中對陳儀的暴政隻字不提，只斷定這次事件是由共產黨煽動。台灣省行政長官公署機關報「新生報」（前「台灣新報」），在四月一日的社論中，反而吐露了中國人的眞心話：

「我們來到邊疆工作，和在其他一般省份工作不同，除了應盡的職守而外，還負有特殊的任務。這任務就是要使本省同胞擺脫日本思想的桎梏，消滅日本思想的毒素，充分認識祖國，瞭解祖國。這一次事變，既不是什麼政治改革要求，更不是什麼民變，完全是日本教育的廻光反照，日本思想的餘毒從中作祟。」

所以國民政府的善後措施，就是有計劃地對日據時代培植的台灣領導階層加以打擊。被逮捕慘遭殺害的有名人士，光是知道的就有數十名，例如：

王添灯（一九〇一年生，台北市人，台灣茶商公會會長、台北市參議員）

林茂生（一八八七年生，台南市人，東京帝大畢業，國民參政員、台大文學院長、民報社長）

陳　炘（一八九四年生，大甲人，哥倫比亞大學畢業，台灣信託、大公企業理事長）

吳鴻棋（一九〇一年生，中壢人，上海協和大學、日本大學畢業，台北高等法院法官）

王育霖（一九一九年生，台南市人，東京帝大畢業，新竹地檢處檢察官、建國中學教員、民報法律顧問）

林旭屏（東京帝大畢業，前總督府專賣局課長）

林連宗（一九〇五年生，彰化人，中央大學畢業，國大代表、律師）
李瑞漢（一九〇六年生，竹南人，中央大學畢業，台北市律師公會副會長、台北市參議員）
施江南（一九〇二年生，鹿港人，京都大學畢業，前台北醫專教授、開業行醫）
吳金鍊（一九一三年生，台北市人，東京文化學院畢業，前「台灣新民報」記者、「新生報」日文版總編輯）
阮朝日（一九〇〇年生，東港人，福島高商畢業，前「台灣新民報」監察人、「新生報」總經理）
楊元丁（基隆市參議會副議長）
湯德章（台南市人，中央大學畢業，律師、台南市人權保障委員會主任）

其中有一部分人被毀屍。另外還逮捕各地的名望之士、知識分子數百名加以拷打，強迫他們繳龐大的贖身款後才予釋放。

這些人都是應該繼活躍於大正末期昭和初期的人士之後，挑起新政治運動擔子的重要人材，也是群衆的象徵。一般民衆被殺傷的，正確的人數到現在還是一個謎，據說有一萬人到數萬人之多。

相對地，關於中國人方面的損失，警備總司令部在敉平叛亂後宣佈，死者三九八人，負傷者二、一三一人，下落不明者七二人，最後還不忘威脅說：人命物件的損傷將由台灣人賠償（關於二二八的詳細記錄，參閱前引「台灣青年」第六期）。

二二八大叛亂，是給台灣人和中國人的關係帶來決定性作用的大事件。他們固然沒有喊出尋求獨立的明確口號，但「三十二條要求」等於要求實質上的獨立，任何人都承認。叛亂如果成功，將會從高度自治走向分離獨立，這是很自然的趨勢。

但這次叛亂在付出莫大犧牲的情況下，受到慘不忍睹的鎭壓。在整個過程中，台灣人十足體會到中國人的狡猾、卑鄙和殘忍。而對中國人的強烈憎惡和敵愾心，使他們在內心立下堅定不移的誓言——獨立而後已。

3 香港的台灣再解放聯盟

在千鈞一髮之際，使台灣人不至於對中國人完全失去信賴的是中共。

三月八日，雖然遲了一些，延安的「解放日報」發表題爲「台灣自治運動」的社論，並透過新華廣播電台廣播：

「……我們要告訴台灣同胞，你們以和平方法爭取自治，和在蔣介石武裝進攻之下，採取武裝自衞的手段。我們對此是完全同情的，你們的鬪爭就是我們的鬪爭，你們的勝利就是我們的勝利，解放區軍民必定以自己的奮鬪來聲援你們，幫助你們。」

這個廣播，由於電波的關係，台灣幾乎無法收聽到，即使收聽得到，也是明日黃花，而且延安和台灣距離遙遠，差不多等於東風吹馬耳。

不過由於確認自己力量的薄弱，瞭解到失敗的原因在於沒有組織，並且決心再度起事，許多台灣青年對台灣共產黨地下工作員的勸誘說服產生共鳴。

共產黨有豐富的地下活動經驗，而且有組織，有活力，向台灣青年進行巧妙的宣傳，呼籲自治自決，爭取同路人。

當時，民族主義者和共產主義者，由於對中國和台灣缺乏明確的認識，界限不清，彼此的差異被打倒國民政府這個共同目的冲淡。

日據時代起家，有長期鬪爭經歷的謝雪紅，和戰後中共派遣的工作人員（蔡孝乾即其中之一，一九五〇年十月潛伏中被捕）一起着手重建台灣共產黨。二二八當時，以青年學生爲主體，在台中組織「二七部隊」，和國民政府軍隊作戰。敵人援軍抵達，戰況陷於不利後，同志四散奔逃，她解散部隊，跟林木順等幾個意氣投合的同志逃到香港。大概是判斷台灣面積狹小交通發達，不可能像大陸那樣打遊擊。

同年十一月，在香港成立台灣民主自治同盟，跟中共保持聯絡，同時指揮在台灣的地下活動。

另一方面，戰爭期間對日本採取不合作態度的廖文毅（一九一〇年生，西螺人，俄亥俄大學工學博士），由於發行「前鋒」雜誌猛烈批判陳儀，被視爲問題人物，逃往上海。二二八大叛亂發生後，他也被通緝，覺得處境危險，遂移居香港。

在香港，謝雪紅和廖文毅成立聯合戰線——台灣再解放聯盟，一九四八年九月一日，以七百萬台灣人的名義，向聯合國提出第一號請願書，建議應將台灣暫交聯合國託管，然後由人民投票決定台灣的獨立。

但中共迅速的勝利，給謝雪紅和廖文毅之間帶來分裂。共產主義者謝雪紅對中共「解放台灣」寄以希望，是很自然的。一九四九年春天，她應中共的邀請北上，以台灣民主自治同盟主席的身分參加政治協商會議，被選爲全國委員會委員。民族主義者廖文毅，爲了重建瀕於瓦解的台灣再解放聯盟，在一九五〇年二月東渡日本，聯合當時已經提倡獨立的吳振南（一九一四年生，在橫濱行醫）等少數台灣人，組織台灣民主獨立黨，膺選爲主席。

4 逃竄到台灣的前後

一九四七年四月二十二日，國民政府將陳儀革職，同時決定撤消行政長官公署，把台灣改爲行省，任命魏道明（一八九九年生，江西人，其後出任駐日大使，升任外交部長）爲省主席。

表面上陳儀被迫負起責任，但不久又出任浙江省主席，使台灣人目瞪口呆。一九五〇年六月，陳儀在台北市郊新店被槍決，這個消息使台灣人再度吃了一驚。根據官方宣佈，理由是陳儀企圖倒戈投靠中共軍隊，被部下湯恩伯檢舉。最近國民政府宣傳，槍決陳儀是爲了追究二二八的責任，向台灣人謝罪，但已經騙不了台灣人。

魏道明的任務，在於懷柔靠大屠殺壓制住的台灣人。他只讓在二二八叛亂時暗中活躍，幫助國民政府的幾個「半山」和「靠山」（依靠「阿山」的御用紳士）當省政府高官，利用更趨嚴重的通貨膨脹，繼續向台灣人剝削。黃朝琴（一八九七年生，台南縣人，曾任省議會議長甚久，其後歷任第一銀行董事長、國賓大飯店總經理）、林頂立（一九〇八年生，雲南縣人，曾任日軍間諜，二二八叛亂時組織別動隊暗中活躍，曾任省議會副議長，後來垮台）、連震東（一九〇四年生，台南市人，詩人連雅堂之子，歷任省議會秘書長、國大代表、內政部長）、劉啓光（思想轉變後逃往大陸，據說二二八當時曾葬送許多政敵）是最發跡的「半山」。

從這個時候起，南京政府幹部頻頻視察台灣，使台灣人深切感覺到國共內戰的劫火已經有向台灣蔓延之勢。台灣人焦急不安，想尋找在內戰中保持中立的方法，視線自然朝向聯合國和美國。

二二八叛亂發生後，美國駐華大使史都華特，立刻根據美國駐台領事館的詳細報告，向蔣介石遞交「關於台灣情勢的備忘錄」（「中國白皮書」的一部分），對國民政府的暴政強烈抗議。七月抵達南京的魏德邁特使一行，也在忙碌的日程中騰出時間視察台灣。美國方面這種匆匆忙忙的行動，使台灣人抱着一線希望。

但國民政府已經下定決心，把台灣當做最後的避難場所，想在台灣建立更嚴酷的統治體制。一九四九年一月一日，魏道明被免職，由蔣介石的得力幫手陳誠取而代之，出任省主席。與此同時，蔣經國被任命爲台灣省黨部主任委員，蔣緯國的裝甲師也一前一後登陸台灣。

其間，大陸上要求蔣總統下野之聲甚囂塵上，蔣介石終於在一月二十一日宣佈下野，由李宗仁代理總統，開始和中共和談。中共提出的條件之一就是指定蔣介石、陳誠等許多戰犯，要求加以逮捕交給中共。

在國民政府說來，和談不過是緩兵之計。戰事再起，蔣介石無意在大陸作戰，從上海逃到台灣。七月二十日，「總裁辦公廳」在台北成立。十二月七日，國民政府中央宣佈遷台。國民政府對台灣的統治於是步入後期。

如上所述，在前期，國民政府還保有大陸，台灣純粹是其殖民地。到後期，國民政府失去大陸，逃到台灣，進行寄生方式的殖民地統治而迄今日。這是很奇怪的政治形態，古今東西找不到同樣的例子。

5 大鎮壓和吳國楨的垮台

國民政府第一步的工作是大規模的鐵血鎮壓。外敵中共沒有海軍和運輸艦，暫時可以放心，當前的敵人是潛伏在島內的民族主義者和共產主義者。

一九四九年到一九五一年，蔣經國的特務逮捕殺害了數千名台灣青年。他們的做法是：爲了逮捕一個反抗者，寧可殺掉一百個可疑分子。因爲手上有某一本書就被槍斃，只因參加大學合唱團就被打死。一個人被捕，他的朋友就全部受到牽連逮捕。有的從學校的教室中被帶走，有的在深夜睡覺的時候被捕。他們沒有經過公開審判就一個個被處死，運氣好的送往火燒島。

繼二二八之後的這種恐怖政治，使台灣人對國民政府憎惡益甚，但國民政府對此毫不在意，製造恐怖下的安定，得到成功。

國民政府看到恐怖政治大致獲得預期的效果，就抖出新招數——同時採用懷柔的手段。這是因爲難民屬於少數派，他們知道在台灣不可能和所有台灣人敵對，而且爲了挽回美國的歡心，爭取同情和支持，有必要宣傳國民政府的民主化。

在蔣經國和彭孟緝（二二八當時任高雄要塞司令，獲賞識升任警備總司令）手下特務繼續暗中逮捕台灣活動分子並加以處刑的情況下，前上海市長吳國楨（一九〇三年生，湖北人，清華大學、普林士頓大學畢業）被起用為台灣省主席，試探美國的心意。吳國楨瞭解國民政府的處境和美國的意向，毅然起用若干台灣人，第一次和土生土長的台灣人攜手。

他起用楊肇嘉（一八九二年生，台中縣人，早稻田大學畢業，前「新民報」董事）當民政廳長，吳三連（一八九九年生，台南縣人，東京商科大學畢業，前「新民報」東京分社負責人）當台北市長。楊肇嘉和吳三連周圍當然也都用台灣人。

國民政府首腦開始覺得這種政策繼續下去很危險，就加強上級機關行政院以及國民黨和特務的權限，使省政府形同虛設。吳國楨在厭惡之下，摜紗帽不幹，亡命到美國，揭發攻擊國民政府的腐敗無能。

6　矛盾百出的難民政權

跟蔣介石一前一後大批流亡到台灣的中國難民，包括從來繁衍的和零星撤退的在內，據說有兩百萬人。戰爭結束時在台灣的日本軍民約有五十萬人。對比之下，「民族大移動」的規模可以想像。

另一方面，在國民政府反攻大陸需要人力資源的愚昧政策下，台灣人每年的人口自然增加率竟高達百分之三點五。到一九六二年初，台灣的總人口已經超過一千二百萬。戰後十八年之間，人口激增將近兩倍的地區，在世界上找不到第二個。就是普通的國家，人口增加的壓力也會使其發展停止或變形。台灣的情形是：兩百萬中國人寄生於一千萬台灣人之上，利用「反攻大陸」的幌子，向台灣人進行剝削和迫害。荒廢、衰微、悲慘的結局已經顯然可見，根本談不上發展。

兩百萬中國難民大致分爲三個集團，彼此包藏着內部矛盾。

第一個集團是以蔣介石一族爲中心，構成國民政府權力核心的數十門閥。行政院不論改組多少次，班底都一樣，其他權力機構、金融機關的最高人事根本就是私相授受。這個現象等於當年四大門閥（蔣介石宋美齡夫婦、宋子文、孔祥熙、陳果夫陳立夫兄弟）壟斷南京政府所有職位的狀態之縮影，不過現在蔣家父子的控制力強大很多。他們不約而同將子女和財產送往美國，爲第二次亡命舖好路。

這個集團最大的內部矛盾是「太子」蔣經國和副總統陳誠之間的權力鬪爭。陳誠在第二次大戰期間就被視爲蔣介石的接班人。

蔣經國留學蘇俄，在蘇俄渡過思想形成期。他是共產黨員，對自己的父親和後母宋美齡一直抱着憎惡感。正當父親被中共打敗，衆叛親離，陷於失意的深淵之際，蔣經國跟他和解，利用骨肉之情，依仗父親的權勢，擴充自己的勢力，對陳誠代表的老一派給予打擊。

陳誠心眼多，身體不好，但背後有對「暴發戸」蔣經國抱反感的黨、政、軍的力量撐腰。決定國民政府前途的重大因素之一卽在於此。

第二個集團是中央政府及其附屬機關的官吏、民意代表、省政府的高官、國民黨幹部、軍隊、警察、特務的中堅、和政客勾結的商人、以及他們的家屬。他們在精神上和生活上雖然有很多的牢騷不滿，但因爲有國民政府，他們才能在權力機構中佔一席之地，所以原則上不得不採取合作的態度。他們沒有第二次亡命的力量，所以很怕台灣人起事。

第三個集團以下級軍人爲主體，加上韓戰的中共軍俘虜（一九五三年）以及大陳島附近的所有居民（一九五五年）、金門島部分居民（一九五八年）、留在泰緬的國民政府軍隊（一九六一年）、香港難民（一九六二年）等強制撤退者，佔所有中國難民的半數以上。在最底下呻吟的是，以年老、殘廢、有疾病等理由被迫離開軍營，將近二十萬的退除役士兵。

這個集團糊裏糊塗被帶到台灣，生活上不能受到起碼的照料。他們幾乎都沒有家，長年過着貧苦孤獨的生活，所以有很多人變得精神不正常。

在他們看來，凡是比自己生活過得好的都很可憎。他們在全島各地已經引起許多血腥的事件，例如強迫台灣婦女殉情的「卡賓槍式戀愛」，殺害長官以及一九五七年五月二十四日攻擊美國大使館的暴動。他們鬱積的不滿，今後將以什麼方式爆發，無法逆料。這也是決定國民政府前途的重要因素之一（參閱一九六一年九月發行，「台灣青年」第十期「中國人難民問題特集」）。

7 掛羊頭賣狗肉的土地改革

不管彼此的矛盾如何，有一點他們利害一致，那就是必須寄生於台灣人之上。國民政府逃到台灣後，立刻實施一連串的土地改革，實際上，這只是爲了使國民政府本身成爲台灣唯一最大的地主，確保廉價豐富的食糧，而採取的權宜措施。它還被當作國民政府「德政」的榜様，利用於宣傳，甚至贏得不知底細的外國人的稱讚。

國民政府自賣自誇說：『「耕者有其田」——土地爲農民所有，收穫由農民享受。這是國父孫中山先生的遺教，也是政府既定的土地政策。』那麼爲什麼在大陸無法實施，逃到台灣之後才實施？理由很簡單：土地是台灣人的，國民政府本身無關痛癢。（中國人也有同樣的看法。參閱一九六一年十一月，香港自力出版社發行，孫家麒著「蔣經國竊國內幕」一六頁。）

二二八大叛亂的第二年，魏道明爲了對付持續的米荒，實施「收購大中戶餘糧」制度，命令擁有土地十甲以上的大中地主（據一九三二年統計，佔全部耕地面積的三五・八％，按戶數計算佔二・七％，九千餘戶。）將多餘的佃租米廉價賣給政府。地主們大爲不滿，但國民政府以下獄的手段對付。

緊接着在一九四九年四月開始實施「三七五減租」，把向來高達百分之五十到六十的佃租，一律壓低爲百分之三十七點五。結果地價暴跌三分之一到二分之一，地主再度蒙受打擊。

林獻堂不反對「三七五減租」，但對「收購大中戶餘糧」極爲憤慨，一九四九年秋天，他以治病爲藉口渡日，其後一直拒絕國民政府的慫慂，不回台灣，一九五六年客死東京。

一九五一年六月，國民政府實施「公地放領」。接收自日本人的農地一八一、四九〇甲當中，七四、五三二甲保留爲公地，其餘售給佃農。價格是年產量的二點五倍，分十年平均攤還，水田實繳稻穀，旱田按甘薯產量折合現金繳納。「公地放領」是對台灣地主所做的一種示威。

一九五三年一月，「耕者有其田條例」終於公佈實施，同年內完成。包括佃耕地和自耕地在內，地主每人只准保留三甲（旱田則爲六甲），其餘以「三七五減租」當時的年產量二點五倍的價格強行收購。付款方式是「實物土地債券」（用票券換領稻穀，分十年二十次償還）百分之七十，準公營的水泥、造紙、農林、工礦四大公司的公司債（面額十元，瞬即貶值）百分之三十。土地售給佃農時，規定年利四釐，分十年二十次，以實物償付。

地主於是完全銷聲匿迹，但應該獲得土地的農民是否比以前幸福？（根據一九六三年七月十七日省議員許新枝（非國民黨籍，桃園縣選出）在省議會農林質詢中提出的質詢，已經有百分之二十的農民把權利轉讓，再度淪爲佃農，長此以往，十年後將增加到百分之五十。）

一九六二年當時，台灣的農民約有八十一萬戶，五百四十萬到五百五十萬人，佔總人口百分之五十強。約達一億五千萬美元的輸出額中，農產品和加工品佔百分之八十，足見農民是維持台灣經濟的棟梁。

台灣的耕地面積，比日據時代減少，約爲八十萬甲，這二十年來並無顯著的增加。可是農戶却年年增加，一九四七年到一九五九年之間激增了二二・八四％。

因此，每戶的耕地面積不斷縮小，零細農戶（一甲以下），在一九三六年爲四六％，一九五六年增加到六三％，現在將近七〇％。每一戶平均人口，在一九四九年爲六・一人，一九五七年增加到八・三九人。（參閱一九五九年九月，台灣銀行發行，「台灣之稻作農業經濟」以及一九五四年十月，農復會發行，「台灣之土地改革」。）

農民的生活當然越來越苦。有一位學者表示：由於這個影響，農村至少出現了一百萬的潛在失業者。他們無法吃自己辛苦流汗所種的稻米，以甘藷爲常食或摻雜着吃。不分男女老幼，到附近的城鎮打零工。不然就把女兒賣到台北或高雄的風化區。農民困苦的情形，省議員早就指出，但國民政府充耳不聞。

「增加生產」和「安定米價」是國民政府糧政的兩大目標。不用說，這是爲了養活數目龐大的軍隊和公務員，強迫農民犧牲。

國民政府一直採取壓低米價政策（維持在百分之七十左右），以求安定一般物價。在生產費用中佔百分之六十四，比率極高的化學肥料和飼料，由政府一手控制，以一比一的比例和稻米交換。成本不到三分之一的肥料和稻米等價交換，是很明顯的剝削。而且還有實物償還和其他苛捐雜稅。要借錢的話，糧食局的下級機關——農會和土地銀行有如高利貸，索取很高的利息。

喪失工作熱情，被負債壓得喘不過氣的農民，到處都是。無法期待農民消費的工商業，一片蕭條景象，萎縮的經濟已逐漸帶來財政危機。

8 「反攻大陸」的把戲

一九五〇年三月，蔣介石罷免代理總統李宗仁，再度出來當總統。作爲復職的藉口，他高喊要親自領導「反攻大陸」，提出「一年準備，兩年反攻，三年掃蕩，五年成功」這個很順口的口號。

當時，蔣介石根據主觀願望，預測東西双方白熱化的冷戰引起第三次大戰已經爲期不遠，同時夢想大戰一旦爆發，美國會殲滅中共，把國民政府送回大陸。

但是，和他的期待相反，冷戰走向緩和，中共政權的基礎一年比一年鞏固。除非患嚴重的偏狂，現在已經沒有人相信「反攻大陸」會成功。

雷　震

在一九五七年八月一日的「自由中國」（半月刊）雜誌上，雷震已經大膽發表所謂「反攻大陸無望論」，冷靜地加以分析，指出「反攻大陸」不過畫餅充飢。這篇論文的大意是這樣的：

「反攻大陸的公算很小。第一是國際形勢。構成國際形勢的基本因素有三：一、世界人民普遍的心理趨向；二、武器的發展；三、國際第三勢力的成長。這些都朝着阻止反攻大陸的方向變化。第二是現代戰爭的必要條件，包括一、人口；二、資源；三、科學水準。任何一項拿來比較都不是中共的對手。

卽使說是中國的內戰，不受外國干涉，如無美國援助，連軍隊都無法運輸。直截了當地說，反攻大陸的時期是以第三次世界大戰的爆發爲假想。

有人虛張聲勢說精神勝過物質，但現代戰爭和三十年前的北伐根本不同。而且也找不到任何證據說我們的精神勝過中共。」

國民政府首腦大發雷霆，一方面對雷震和「自由中國」加以手段毒辣的迫害，一方面反而加強「反攻大陸」的宣傳。此擧目的，在於對外主張國民政府的正統性，對內製造「非常時期」，以此爲擋箭牌，強行獨裁專制。於是憲法被視若無睹，有如屋上架屋的中央政府各機關繼續存在，特務跳梁，人權受到蹂躪。

更可怕的是，最近卽將「反攻大陸」這個宣傳，使中國難民心神無法安定，彌漫着凡事只求敷衍一時，卽使政府的作風不合理也得暫時忍耐的心理，引起社會風氣的頹廢。

一九六二年春天的「反攻大陸」的宣傳，可以發現已有微妙的變化，重點在於強調消極的意義，而非強調積極的意義。國民政府最怕的是，中國難民對「反攻大陸」感到絕望，各行其是，甚至於追究國民政府首腦的責任，發生暴動。因此向他們警告眼前有共同的敵人——台灣人，同時表示：「台灣不是久居之地，我們無論如何要回大陸」，並呼籲：「只有蔣總統才是能够實現大家希望，唯一全知全能的領袖。應該團結在蔣總統的領導下！」

一九六二年春天，發生了使國民政府雀躍的事件。國民政府一直自我欺騙，宣傳中共一定會從內部崩潰，剛好在這時候聽說中共連續三年大飢荒叫苦連天，又看到大批難民逃到香港，就動起腦筋，以爲派少數遊擊隊進去騷擾，大陸人民也許會起來呼應。

於是「反攻大陸」的誇大宣傳再度展開，實際上只有不到數百人的游擊隊被送進大陸，一下子就被殲滅殆盡，徒然丟人現眼。

國民政府焦躁的原因之一，在於中共的核子試爆。如果中共核子試爆成功，就是再不死心的中國難民，也會被迫從「反攻大陸」的迷夢中覺醒。因此，國民政府就宣傳中共核子試爆不可能成功，並且逞強說，卽使成功，軍事上的意義也很小（參閱一九九頁）。

高喊「反攻大陸」的國民政府，經常以狐狸一般的狡猾眼光窺伺美國的態度。最初期待美國帶頭消滅中共，後來則費盡心機想把美國捲入漩渦。

但是，就連被稱爲「反共的化身」的美國國務卿杜勒斯，也不允許「反攻大陸」。一九五八年十月，杜勒斯要蔣介石保證不用武力「反攻大陸」。至於已故美國總統甘迺廸，在一九六〇年大選選戰中，曾與尼克森舉行電視辯論會，主張從金門馬祖撤退，記憶猶新。甘迺廸總統對於一九六二年春天國民政府所做的執拗的宣傳，忍無可忍，在五月二十二日舉行記者招待會，以強硬的口氣叮囑：「反攻大陸」是和美國的政策有直接關係的實際問題，任何行動都必須事先取得美國的諒解。

美國無意允許「反攻大陸」，而只要美國不援助，「反攻大陸」就不會成功，這一點國民政府並非不知道。明明知道還叫囂不停，除了上面提到的理由外，還有其他的陰謀，那就是先算好下一步，把「反攻大陸」成爲泡影的責任轉嫁美國，不露痕跡地使中國難民的不滿和憤激化爲對美反感，以謀政權的安泰，到最後無計可施時，搞國共合作。

9 假面具下的醜惡

為了「反攻大陸」，國民政府養六十萬大軍。和北朝鮮對峙的韓國才六十萬，和越共作殊死鬥的南越也只有五十萬。

不過當中能實際作戰的部隊約為四十萬，剩下的二十萬是帶軍籍的下級公務員，這才是眞相。軍隊的佈署是金門十萬左右，馬祖二萬五千，其餘都在島內。

蔣介石帶到台灣的軍隊，是軍官遠多於士兵的畸形雜牌軍，而且幾乎都已經成為四、五十歲的老兵。因為這樣根本打不了仗，加上美國也提出要求，就淘汰老弱殘廢，以年輕的台灣兵補充。現在台灣兵在四十萬實際戰部隊中，佔半數以上。但他們很難升為校級軍官。

如果是保衛台灣，他們還肯拼命，但並不想到大陸和中共軍隊一戰。在制度上，大學畢業的台灣青年，有一定的年限必須當「預備軍官」，分發到各種部隊，期滿後才能領到畢業證書。國民政府怕「預備軍官」和台灣兵聯繫，把他們和中國兵混在一起或頻頻調動，煞費苦心。

軍人的待遇，上甚厚而下甚薄，因此士氣不振。例如陸海空軍總司令，除數目龐大的薪水和生活費外，每個月可領二十萬元的特支費，相對地，二等兵的薪俸只不過二十八元（一九五八年四月發行，「議會」所載，劉崇齡：「精簡機構與調整待遇」）。

根據報告，金門、馬祖前線的高級指揮官沈湎於酒池肉林，極盡奢侈之能事，跟香港搞走私，中飽私囊，相反地，士兵住在名爲「克難之家」的簡陋小棚，三餐以青菜豆腐下飯（一九六三年七月發行，「台灣青年」第三十二期所載，皇甫修：「馬祖見聞錄」）。

由此觀之，六十萬大軍的組織，與其說是爲了打仗，不如說它的存在意義是作爲一種失業救濟機關兼集中營。反過來想像廢除乃至於裁減軍隊的場合，卽不難理解。

這些姑且不談。爲維持這個大軍，每年支出的軍費佔中央預算的百分之八十。詳細的用途只有一部分人知道。中央預算總共應該將近一百億元。佔其中百分之八十的龐大款項，只由一小部分人操縱。四大門閥的「生財之道」現在仍然存在。

和中央預算相對的是省預算。一九六四年度（一九六三年七月～一九六四年六月），歲出歲入都是五十五億元，其中必須付出「中央協助、地方補助費」（前者佔大部分）約三十二億元，佔百分之五十八，實際上用於省的款項只有二十三億元。從比例上來說，台灣等於比東京都略多的人口居住於面積有九州那麼大的地區，但東京都的預算約爲二千五百億日元，台灣不到它的十分之一。

五十五億元的歲入中，公賣收益佔五四・五六%（日本則不滿一〇%），稅收佔二三・九三%，公益事業利潤佔一二・七五%。一看就知道間接稅佔很大的比重。很滑稽的是，由於煙、酒等公賣品一再張價，民衆以不喝酒少抽煙消極抵抗，搞亂公賣局的收益目標，使國民政府狼狽不堪。

照常理，國民政府的經濟應該早就崩潰瓦解，一直加以支撐的，不用說是美援。

美國在過去十年內，每年平均投下一億美元左右。從人口比率來說，這是亞洲最龐大的援助額。

但國民政府還是無法使收支平衡，一九五八年起每年發行兩億元的短期公債（兩年內償還），同時增加紙幣的發行量。因此一直陷於慢性的通貨膨脹，而沒有走向結局悲慘的通貨膨脹，則是因爲民衆沒有購買力。

其次，國民政府拿來跟土地改革相提並論，大力宣傳的教育的「進步」，究竟如何？國民政府自誇就學率高達九五・四四%（一九六〇年），在亞洲僅次於日本。但我們不可以忘記，這個數字立足於日據時代末期就學率已經高達七一%，熱心教育成爲台灣人習性的這種實績之上。

提到教育的質，則令人不勝寒心。監察委員陶百川（中國人）曾報告他視察全島的結果，一語道破教育的現狀可以拿「擠」「窮」「空」三個字來概括（參閱一九六二年十一月十一日「徵信新聞報」）。

學齡兒童年年增加，而教育經費根本不够，形成嚴重的教室荒，引起教育內容的低落。一班學生將近一百人，擠得滿滿的，一個小學有數千到將近一萬的學生，已經司空見慣。通常四年級以下採二部制或三部制，到五、六年級就出現不良影響，大清早或深夜搞「惡性補習」，應付激烈的升學競爭。

日據時代只有六所的大學和專科學校，增加到二十五所以上，國民政府認爲高等教育門戶大開，得意非凡，但其中也有不少背後被批評是「學店」的野鷄學校。前台北帝大改名爲台灣大學，號稱台灣最高學府，設備只够招收五百名學生，實際上却硬塞了九千名。

沒有思想、研究和發表的自由，比貧乏的教育設備更給學問的進步帶來致命的阻礙。敬陪第二個集團末座的中國知識分子，自嘲台灣是「文化砂漠」。

最後讓我們來看看被視爲「自由中國」的證據的「地方自治」。省、縣、市、鄉、鎭各有由民選的議員組織的議會，參與政治，表面上很像個樣子。事關選舉，中國人畢竟不是台灣人的對手，因此就利用誘惑脅迫的手段，把他們看中的台灣有力人士，提名爲國民黨候選人，同時搞討好和離間的兩面手法。對於有骨氣的「無黨無派」敵對候選人，加以嚴格的限制，說什麼不可以違反國策，不可以有離間「外省人」（中國人）和「本省人」（台灣人）的言論，堵住他們批判國民政府的嘴巴。

這樣的話，「無黨無派」不易獲勝。國民黨看到「無黨無派」可能獲勝，就公然或暗中干涉選舉。例如投票前對候選人下召集令；在各地緊急出動軍人票；活用棄權票；把整個投票箱掉包。

不管國民黨籍或「無黨無派」，即使當選也沒有政治實權。實權完全操在當主任秘書的中國人手中。唯一不同的就是，對國民黨籍的比較不會刁難。

省議員政治地位較高。原因是名額少（一九六三年五月成立的第三屆省議會，七十四個議員中，台灣人六十八名，中國人六名，其中「無黨無派」十二名當然都是台灣人），素質高。但省議員同樣沒有實權，省主席是任命制，而且有上級首長——行政院長騎在頭上。因此，如果要宣傳是「地方自治」，省主席應改爲民選，這已經成爲一貫的要求。

如果台灣人當上省主席，國民政府的行政院長就無事可做，所以他們死也不肯讓。

10　悲壯的極限鬬爭

國民政府對台灣人的剝削和壓迫，照普通的常識來說，的確已經超過容許和忍耐的限度，但二二

省議會的五虎將（左起郭雨新、吳三連、李萬居、郭國基、李源棧）

八大叛亂以後，看不到台灣人有形的抵抗，理由到底何在？

警察、特務的嚴重監視，使小暴動也不可能發生，這是符合常識的見解，事實亦是如此，但也必須指出，國民政府體制對台灣人所做的精神上的閹割，多少得到成功。國民政府不斷強調中國擁有悠久的歷史和偉大的文化，企圖激發台灣人即將喪失的中華思想。進一步煽動說，台灣人不要小裏小氣，腦子裏只有狹窄的台灣，應該有海濶天空到廣濶的大陸闖天下的氣魄，這種煽動對純真的青少年特別有效。

兩百萬屬於統治階級的中國難民造成很可怕的風氣，假公濟私，貪汚瀆職，講人事關係，對工作不負責任。這種風氣也影響到台灣人的社會。從感覺到挫折進而失去衝勁時，這個影響就像惡魔的誘惑一樣發生作用，使許多台灣人模倣中國人的惡習，進一步產生「食爸倚爸，食母倚母」（胳膊扭不過大腿）這種畏縮、聽天由命的心理。

於是要追求自由和獨立的台灣人，在和國民政府鬥爭之前，必須先和台灣人的精神上閹割進行鬥爭。

進行鬥爭的台灣人中，最有力的鬥士該數「無黨無派」

的台籍省議員。他們在省議會或政見發表會上，以巧妙的措辭批評國民政府，同時鼓舞群衆。他們講話被錄音，走到什麼地方都有人跟踪，內裝子彈或汚濊物的包裹寄到家裏，類似的脅迫和刁難繼續不斷，更甚的還被放火。

他們不怕死的發言，由於現在「自由中國」（一九六〇年九月停刊）、「公論報」（社長李萬居，一九六一年三月被特務覇佔）、「自治」半月刊（後來獲准復刊）相繼被搞垮，民衆已經聽不到也看不見。試從過去的記錄，看看他們犀利詞鋒的一端。

例如一九五七年秋天第三屆省議會第一次大會中的一般質詢。綽號「小鋼砲」的郭雨新（一九〇七年生，宜蘭人），向當時的省主席周至柔，提出十九項總括質詢，其中有這麼一段：

「呼籲起用本省籍人材已經很久，但距離理想還很遙遠。本省籍的警察不少，但全省二十一個縣市的警察局長中，只有苗栗警察局長一人是本省籍。全省九十個分局當中，本省籍的分局長不過三個人。聽說重慶時代，四川省的警官多爲四川省人。既然如此，今天來到台灣，照道理不也可以大量起用本省籍的人材嗎？」

綽號「魯莽書生」的李萬居（一九〇二年生，雲林縣人，留法）提出十五項書面質詢，其中一項批評土地改革說：

「本省大小地主擁有的若干田地，都是祖先代代辛苦積蓄的，跟大陸許多土豪依仗權勢兼併的情形不同。土地改革的精神固然可貴，但對他們的保障不能算合理。四大公司的債券面額十元，轉眼之間暴跌到四、五元，最慘有跌到二元左右的。地主雖然克制住強烈的憤怒，政府是不是考慮給予什麼補償?」

綽號叫「神槍手」的吳三連，尖銳地指出預算編列的不合理，發表下面的演說：

「在這狹小的台灣，中央政府和省政府相互爭奪財源。立法院（五百餘名委員中，台灣人不過數名）想把公賣事業、林務局、鐵路局等機構移交中央管轄，給省民留下很不好的印象。因爲日據時代，日本雖然向台灣人剝削，但上述事業的收益都投注於建設台灣。政府光復後的幾年也仿照前例。然而現在却打算把這些財源列入中央預算，同時還搞花樣想把它也列入省預算?。這到底是怎麼一回事?」

綽號「大砲」的郭國基（一九〇四年生，高雄市人，明治大學畢業，一九六三年四月改選時落選），由於個性粗野，在知識分子之間人緣不佳，但却是一個很優秀的群衆煽動者。

「我如果用台灣話演說，外省聽衆就想加以制止。因此我就反擊說，『乞食趕廟公』（乞丐趕走廟祝—喻喧賓奪主）也要有個限度，這不是跟『豆油借汝搵，連碟子都搶去』（醬油借你蘸，却連碟子也搶走—喻恩將仇報）毫無兩樣嗎?」（一九五七年四月十四日在台北警察學校發表的政見。後來被控陰謀離間，巧辯後無罪。）

「各位!台灣在中國三十五省中雖說最小，但不可以忘記，它在聯合國八十二個會員國中排在一大半國家的前面!」（一九五八年一月十三日在台北龍山寺前發表的政見。）

這是島內的台灣人公開進行鬥爭的最大限度。他們都是名聞國外的台灣名流，所以國民政府也不敢輕易下手，普通人的話早就被幹掉。但據說，國民政府已經準備好ABC級的黑名單，安排停當，以便必要時能够一網打盡。

11 雷震和反對黨運動

前面常常提到的雷震，可以說是中國難民第二個集團內部產生的矛盾。

雷震（一八九六年生，浙江人）在二十歲時加入國民黨，獻身黨政，大陸時代已經是無可否認的黨國功臣之一。到台灣之後，只要他願意的話，有足够的資格加入第一個集團。但他是熱烈的反共主義者，同時也是熱烈的憲政主義者。他認為，如果在「反攻大陸」這個空洞的口號下進行蹂躪憲法的獨裁政治，不用說國民黨，連中華民國都會滅亡，由衷地感到憂慮，為了挽狂瀾於既倒，挺身而出。因此在一九五四年被國民黨開除黨籍，後來就一直受到公開或暗中的迫害。

雷震所用的武器「自由中國」，一九四九年在台灣創刊，最初的發行人是胡適（一八九一～一九六二年，安徽人）。不久胡適逃到美國，一九五三年一月起改由雷震主持。以往「自由中國」是以分析國際局勢和批判中共為主，一九五六年十月，利用出版所謂「祝壽專號」（慶祝蔣介石七十歲生日）的機會，開始對國民政府展開猛烈無比的批判。他悲壯的志氣，和胡適被國民政府用中央研究院院長的地位收買（一九五七年十一月），而且對蔣介石漠視憲法三度出任總統投票贊成的行徑，形成強烈的對比。

國民政府對雷震的人望和「自由中國」在國內外的權威焦思苦慮，不敢輕易下手。雷震也知道靠筆桿鬪爭的限度，終於決意組織反對黨，展開政治運動。

由一部分開明分子退出黨外，組織一個「在野黨」，監視當權者叫人不能容忍的獨裁專制——國民黨內部本來就有這種空氣。他們好像計劃推胡適爲黨魁，聚集亡命於香港、美國的反共、反蔣的中國人。但習慣一黨獨裁的國民政府，把胡適收買，拒絕反共、反蔣的中國人入境，使這個計劃成爲泡影。

另一方面，台灣人受到內外情勢的鼓舞，對國民政府非法干涉地方選擧大張撻伐。一九五七年五月，「無黨無派」的台籍議員組織「台灣地方自治研究會」(後來讓步把「台灣」兩字改爲「中國」)，計劃和國民黨打對台，但國民政府不准成立。李萬居、郭雨新、吳三連、高玉樹(一九〇三年生，台北市人，早稻田大學畢業，前台北市長)等有力的政治家鍥而不捨繼續策劃，和雷震等「自由中國」派携手合作，終於在一九六〇年邁入公開組織反對黨運動。

現在已經出現國民政府最憂慮的情況。中國人要統治台灣人，必須團結一致堅如磐石，却發生分裂，偏偏和台灣人合作，想建立和國民政府對抗的力量。而且有充分的迹象顯示，美國將把他們看做取代國民政府的新生力量，給予援助。

國民政府狼狽不堪，嚴加監視，同時多方進行阻撓和威脅。試讀發言人雷震、李萬居、高玉樹三人聯名發表的「選擧改進座談會緊急聲明」中的一小段，就能明瞭個中情形。

「……每次開座談會總是受到警備司令部干擾。我們認爲政府不應該利用已經拖延十幾年的戒嚴令，來剝奪人民受憲法所保障的自由。又如我們發起人之一的吳三連於國民黨當局向他的事業集團施用壓力之下，不得不暫時出國六個月。對於一向是新黨籌備工作中心人物之一的雷震，則在自由中國社對面之大安區民衆服務站（國民黨區黨部）內，指派特務數十人成立專案小組，每日專負跟蹤監視之責，並配有一部吉普車（車號爲一五―〇四〇五八）和三部大旅行車（車號爲一五―〇四八九九、一五―〇四九〇一、一五―〇四三八七），分別追踪監視（目前已發現者，最少有這四部車子），每日自晨至暮，自辦公室辦公至飯館用餐，自木柵（註：雷震宅）至台北，乃至遠達中壢（一五―〇四九〇一號車和七八個特務），如影隨形，寸步不離……」（摘自一九六〇年九月五日「自由中國」）

雖然如此，雷震等人還是不斷努力組織反對黨，在台灣島內各地遊說。國民政府知道威脅和離間無法收效，就在九月四日揑造雷震窩藏共黨分子的罪名，加以逮捕，判處十年有期徒刑。雷震被當作犧牲品，是因爲國民政府認爲他是新黨的領袖，斷送他的政治生命，同時可以把「自由中國」搞垮，而且能避免台灣人的反感。

反對黨的失敗，顯示國民政府絲毫沒有接受民主改革的餘裕。國民政府知道，退讓一步就會有第二步、第三步的退讓，這樣下去，獨裁體制將會崩潰，所以在他們來說，這是理所當然的措施。

12　海外的獨立運動

島內的政治環境這麼惡劣，在海外的台灣人責任就很重大。

台灣人在海外的力量，以旅居日本的兩萬五千人爲唯一最大的力量。其次比較顯眼的是散佈於美國的三千名留學生。這兩萬五千名旅日台灣人，意識形態和表現相當複雜。他們首先可以分爲新舊兩個階層。

戰爭期間旅居日本的「本島人」，由商人、被徵調的工人、留學生這三種人構成。戰爭結束，有一部分回台灣後，還剩下一萬五千人。他們的第二代，在戰後十八年來，估計約有數千人。

他們托留在日本的福，不但沒有受到二二八的洗禮，免受國民政府的剝削壓迫，而且很幸運，能夠作爲協約國的一分子，享受經濟上和政治上的特權。他們即使激發和點燃中國人意識，高喊「中華民國萬歲」，也不無道理。

看到國民政府逐漸走下坡，有一部分人就高喊「毛主席萬歲」。因爲希望有強大的祖國做靠山，不願被人瞧不起，這是旅居海外者一致的心理。純眞的年輕人，響應中共的號召，踴躍前往大陸參加「偉大祖國的建設」的，不在少數。也有人到大陸後嘗到幻滅的悲哀又逃出來。

一九五〇年，廖文毅領導的台灣民主獨立黨開始進行獨立運動，環境可以說和島內一樣惡劣，雖然內容有些不同。他們被罵是瘋子，被當作騙子瞧不起，聲勢根本壯大不起來。

中南半島戰火平息（一九五四年七月），台灣海峽又生風波，一九五五年九月，廖文毅設台灣臨時國民議會，翌年一月宣佈成立「台灣共和國臨時政府」。不管內容如何，先整修好門面，打破運動的停滯，誇示其政治目標，這是他的用意所在。

這個嘗試在某些地方得到成功。中共大罵他們是「美國的傀儡」，國民政府誣蔑這是「共產國際的陰謀」，展開對獨立運動的實際情況評價過高的責難和攻擊，不啻向全世界說明國共双方對台灣人的動向抱着戒心和猜疑。

不管廖文毅或誰，要在日本展開獨立運動，爭取旅日台灣人的理解和支援是先決條件。要達到這個目的，必須鍥而不捨從國民政府統治的實情，台灣人和中國人本質上的差異，獨立的好處來說服他們。

但他們的生活基礎和經濟活動都離不開日本社會，受到日本社會決定性的影響，甚於一切。而日本社會，一方面存在着傾向中共的力量，一方面也有人對蔣介石「以德報怨」這句話感恩圖報，中間則夾着漠不關心的廣大階層。所以旅日台灣人採取的行動也很複雜。

一九六〇年代以後到現在，局勢開始產生變化。這個變化和台灣內部的動向以及圍繞着台灣的國際間動向相吻合。日本名流相繼發表贊成獨立或強調獨立的必然性的評論，逐漸給旅日台灣人帶來深刻的影響。

日華條約簽訂（一九五二年四月）後才前來日本的數千名貿易商、應聘者、偷渡者、留學生，對於喚起鼓舞旅日台灣人眞正的鄉土愛，也發揮很大的作用。達八百名的留學生，尤其是值得注目的存在，他們本質上是以留學爲名的亡命者。但國民政府監視極嚴，特務在暗中也很活躍。基於種種顧慮，他們躊躇不敢採取積極的行動。

一九六〇年春天出現台灣青年社，給獨立運動帶來了新氣息。台灣青年社是由王育德和一些留學生計議組織的獨立運動團體。該社擬訂以留學生爲基礎吸收旅日台灣人的方針，想彌補「臨時政府」

不足之處。對外國人則進行有關國民政府統治本質，符合科學而且縝密的分析和批判，研究並發表謀求獨立的理論，就常受冷眼看待的獨立運動進行啓蒙宣傳。機關雜誌日文版「台灣青年」（一九六〇年四月創刊，原爲双月刊，一九六一年十一月改爲月刊）、英文版 Formosan Quarterly （一九六二年七月創刊）已經贏得台灣問題權威雜誌的地位。

一九六二年六月十八日的美國「新共和」雜誌，對於日本地區的獨立運動，給予下面的評價：「東京有一個目標在於建立純粹屬於台灣人的共和國，具有戰鬥性，但無法說獲得充分效果的獨立運動。其出版物之一「台灣青年」編輯水準很高，明確地陳訴絕對多數台灣人的利益。」

在美國，以東部的留學生爲主，一九五六年一月成立所謂三F（The Committee for Formosan's Free Formosa），一九五八年發展爲ＵＦＩ（The United Formosans for Independence 主席陳以德）。一九六一年八月，他們在聯合國大厦前面，對訪問美國的陳誠抗議示威，給外電增加不少熱鬧。

海外的獨立運動，一方面和島內的台灣人密切聯繫，一方面不斷努力擴大組織。現階段的主要任務在於啓蒙宣傳，當然不用說。因此，下面特就和國民政府關係最爲密切，台灣人最應該注意的兩大勢力——美國和中共，另闢兩節加以討論。

13 美國和國民政府之間

美國的台灣政策，在這二十年來，一直都讓國民政府佔上風，屬於敷衍一時應付場面的政策。開頭是在開羅會談中，爲了防止國民政府脫離陣線，不管台灣人意思如何，把台灣當作戰利品交給國民政府。在國共內戰期間，雖然對台灣人的希望表示關心，但對國民政府逃到台灣，由難民建立統治體制，則袖手旁觀。

其後中國大陸完全被中共控制，情況發展到必須對台灣和中國的關係從根本上加以研討時，美國的台灣政策還是極爲含糊不清。美國的態度，在韓戰爆發時才明朗化。杜魯門總統聲明：「關於台灣的地位，在將來太平洋的安全得到確立，和日本締結和約，或是由聯合國加以研討之前，將不會決定」（一九五〇年六月二十七日），並出動第七艦隊封鎖台灣海峽。

但韓戰期間，由於國民政府重整旗鼓，而且對美國積極進行宣傳工作得到成功，美國的台灣政策又被歪曲變形。要求解除台灣海峽的中立，讓蔣介石自由行動的呼聲日昂，華盛頓支持蔣介石的人士主張允許國民政府軍隊「反攻大陸」。因此，蔣介石在台灣的獨裁和對台灣人的迫害等問題就被擱在一旁，開始傾聽蔣介石解放中國的夢話。

於是，取代杜魯門成爲總統的艾森豪就解除了台灣海峽中立化政策。蔣介石和國民政府的支持者喜不自勝，但美國到底還是沒有許下幫助國民政府消滅中共的諾言。

一九五四年十二月二日，美國和國民政府締結美華協防條約，使對台政策面臨轉機。美國國會強調，這個條約只規定協防台灣澎湖的義務，並非承認國民政府在台灣的主權。最值得注意的是第二條規定：共黨方面對台灣澎湖的攻擊，不論來自外部或內部，都可以共同或單獨加以防禦。

雖然如此，由於這個條約的存在，美國對國民政府統治台灣給予保障，過去十年來提供了共計三十億美元，數字龐大的經援和軍援，使國民政府得以維持其政權，這是台灣人深深懷恨在心的。左派分子想硬下結論說：「所以台灣人也應該反美」。事實則不然。這是基於下面的理由。

關於台灣人如何深刻地感覺到中共的威脅，留待下一節討論。台灣人充分瞭解，美國的眞意不在於擁護國民政府，而在於防衞台灣。所謂「兩個中國政策」，正如一九五九年十一月發表的「康隆報告」(Conlon Report) 所示，不過是走向「一個中國、一個台灣」的過程之一。

「一個台灣」，在前副國務卿徹斯特・鮑爾斯 (Chester Bowlse) 的「中台國」構想 (An Independent Sino-Formosan Nation) 中，已經說明得很清楚：

「台灣人大半說福建方言，但受日本的現代教育。台灣就是因爲這個結果才繁榮，所以對東京比對中國大陸有親切感。但受到國民黨十五年統治的結果，又發生很大的變化。時間和愛情和教育，使中國人融合於台灣社會，就這樣逐漸形成一個新的民族。那就是具體表現中國文化的台灣人。……台灣在非共產主義的亞洲所發揮的作用，不可以由美國在背後操縱。卽使是出於善意。而且也不可以由從大陸逃出來的國民黨來統治佔絕大多數的台灣人。美國應該作爲一個眞正的朋友與之交往，讓土生土長的台灣人和來自大陸的中國人以及全世界的人瞭解，美國的目標不在於建立軍事基地反攻大陸，而在於幫助一個新的獨立國家自然形成。」(摘自一九六〇年四月發行，Foreign Affairs 所載，The "China Problem" reconsidered)

筆者認爲他的發言具有美國健全的開拓精神和良知。很令人同情的是他後來倒台。

14　中共和國民政府之間

中共對台灣的態度，明確地表現於外交部長周恩來爲了反駁一九五〇年六月二十七日杜魯門所作的聲明，而在翌日發表的聲明中。

「本人代表中華人民共和國中央政府聲明：不論美帝國主義者採取什麼妨礙行動，台灣屬於中國這個事實永遠無法改變。這不但是歷史上的事實，也是開羅宣言、波次坦宣言以及日本投降後的現狀所肯定的。我國所有人民將一心一德，爲了把台灣從美國侵略者手中解放出來而奮鬥到底。」（參閱一九五八年十月，北京外文出版社發行，「反對美國佔領台灣和製造『兩個中國』的陰謀」）

這個聲明抓住美國第七艦隊封鎖台灣海峽的機會，主張台灣是中國的領土，公開表示要「解放台灣」。一九五四年八月二十三日的「中國各黨派解放台灣宣言」則謂：

「台灣是中國領土不可分割的一部分，絕對不允許美國佔據，也絕對不允許聯合國託管。解放台灣和消滅蔣介石賣國集團，是中國行使主權，也是中國的內政事項。」

對聯合國託管也表示反對，強調「解放台灣」是中國的內政問題。

好像是要打對台，同年九月，國民政府在金門海面向中共挑釁。中共大爲冒火，猛烈炮轟金門，給美軍顧問團也造成死傷。國民政府希望第三次世界大戰爆發，曾經把希望寄托在韓戰以及中南半島戰爭，這次挑釁就是出於「連試三次必中一次」的僥倖心理。但美國按兵不動，反而簽訂美華協防條約，使國民政府無法蠢動。

翌年初，中共軍隊政佔一江山島，這是爲了試探美國對大陸沿岸各島採取什麼態度。美國利用這個機會，乾脆連大陳島也放棄，使國民政府大爲洩氣。國民政府指責美國的「兩個中國」政策，就是從這個時候開始的。

一九五五年四月，萬隆（Bandung）會議鑼鼓開場，中共對亞非各國的和平攻勢得到很大的成果。中共信心大增，對國民政府也發動和平攻勢，表示可以不問蔣介石和其他國民政府首腦之罪。第三次國共合作的謠言，於是不脛而走。

中共「解放台灣」的宣言，沒有隻字片語提到台灣人的立場，對此大惑不解的台灣人，目睹中共有意放過蔣介石這幫人並和他們交易的態度，對中共抱着很強烈的懷疑。中共不是被壓迫大衆的伙伴嗎？爲什麼不號召台灣人，却想跟蔣介石勾結？

但中共有中共的革命戰略。國民政府逃到台灣後，「基本矛盾」已經從對國民政府關係轉化成對美關係。「解放台灣」首先是當做打擊美國的一環來把握。

既然武力「解放」沒有可能，只好等待台灣內部的響應。台灣有蔣介石率領的兩百萬中國難民和一千萬台灣人。

中共選擇了前者。台灣人力量薄弱，像謝雪紅、林木順那樣有三十年資歷的共產黨員都還提倡台灣高度自治，足見台灣人根本就是異己分子，不可信用。相反地，國民黨這一幫人關係旣深，脾氣又摸得很淸楚，而且掌握實權。說是合作，實際上等於國民政府投降，以後可以任意宰割。於是中共和國民政府的關係就從「敵對矛盾」轉化爲「非敵對矛盾」。

正因如此，中共才毫不可惜地將本來應該扮演「解放台灣」尖兵這個角色的謝雪紅的台盟加以整肅（一九五七年秋～一九五八年二月），並把對推胡適爲首的「在野黨」的動向和雷震、李萬居、高玉樹等人的反對黨運動進行彈壓的蔣經國捧爲愛國者，一九五八年八月故意炮轟金門，煽動中國難民內心存在的對美反感，呼籲他們在國民政府之下保持團結。

金門、馬祖奇妙的地位，如上所述，也形成國共双方阻止「一個中國、一個台灣」的政治利益。國共合作最具體的內容，大概是一九六二年八月十一日英國「觀察家報」搶先登出的快訊：

⑴蔣介石在世期間，彼此不做激烈的攻擊。

⑵蔣介石死後，由蔣介石一族和中共做細節上的商定，台灣仍由國民政府統治，但形式上成爲中共的自治領。

⑶十年乃至二十年後，由國民投票決定台灣分離獨立或合併爲中共的一部分。

⑷在這段期間，金門和對岸的厦門劃爲行政緩衝地區，台灣和大陸可以自由通行。

每次出現流言，國民政府就拚命加以否認。這是因爲怕自由世界各國產生戒心。不過深深瞭解中國人性格的，大概一點也不會感到意外。

過去兩度和中共合作的經歷；中日戰爭期間暗中派遣和談代表的事實；汪精衞政權的周佛海不斷和重慶保持聯絡的經驗——這些記憶猶新。何況除了中共副主席宋慶齡和蔣介石之妻宋美齡有姐妹關係外，父母子女兄弟、親戚朋友分居兩地的情形不勝枚擧，可以說「血濃於水」。而且還有香港這個恰好的中途站。

有人認爲，三十年來的反共宣傳無法做一百八十度的轉變。對這種人，筆者願意指出：共產主義的好惡，在傳統的中華思想之前，不過是玻璃珠製成的裝飾品。最近中蘇互相敵視，根本原因在於兩國民族主義的衝突，在台灣的中國難民，內心對於中共宣揚中華思想加以喝采的人想必很多。

第八章

從六十年代步入七十年代——一九六四年～

Chiang Praises Police After Assassination Bid Fails in New York

Taiwan Rebel Fires Shot at Vice Premier

NEW YORK (UPI) — Chiang Ching-kuo, vice premier of the Republic of China who escaped an assassin's bullet hours earlier in the day, said Friday night he was pleased with the security measures and would not blame U.S. officials for the incident.

A man described by police as a [illegible] revolutionary fired a shot at the eldest son of President Chiang Kai-shek who was saved by the quick thinking of New York City detectives as Chiang was entering the Plaza Hotel here to deliver a speech at about 11:53 a.m.

Chiang

Detective James Zinic, 37, [illegible]

WASHINGTON (UPI) — State Department officials expressed shock and issued an apology Friday in the [illegible]

UPI [illegible]

Police detain a youth, Peter Huang, at the entrance to the Plaza Hotel in New York Friday after Chiang Ching-kuo, eldest son and heir-apparent to Nationalist Chinese President Chiang Kai-shek, narrowly escaped a would-be assassin's bullet.

1970年 4 月24日，獨立聯盟同志
黃文雄在紐約行刺蔣經國不果

1 內憂外患

國民政府某高級官員，在內部發言中曾經做了一個恰到好處的比喻：「我們就像不買票進戲院一樣，始終忐忑不安，不知道什麼時候會被攆出去。」對於國民政府而言，一九六〇年代前半，確確實實有壽命縮短了好幾年的感覺。

一九六二年秋天起，中共的對日工作頓形積極（有名的LT（廖承志、高碕達之助）貿易在十一月九日簽字），一九六三年八月二十日，池田內閣准許以分期付款方式出售維尼綸成套設備給中共，使國民政府嚇了一跳。國民政府一味期待美國對日本施加壓力，關於倉敷嫘縈的維尼綸成套設備，曾透過中日合作策進委員會（一九五七年四月成立）企圖進口，但被日方以技術問題爲理由一再拖延，結果被「共匪」捷足先登。

除了惱羞成怒之外，國民政府一定深深感覺到危機重重，唯恐日本會毅然承認中共。國民政府動員所有機關譴責攻擊池田內閣，把駐日大使張厲生召回，採取不惜和日本斷交的強硬態度。

正當焦急不安等待反應的時候，十月七日發生中共液壓機械訪日代表團團員周鴻慶在回國前夕逃亡的事件。周鴻慶一度希望前往台灣，使國民政府欣喜欲狂，但後來他再三變卦，先說要留在日本，繼又表示要回大陸，日本政府不知如何是好，最後把他送回大陸。

國民政府丟了一個不值得丟的臉，爲了遮羞，更加猛烈指責池田內閣「忘恩負義」。由國民政府發動的示威隊伍，蜂擁到台北的日本大使館和大使官邸，丟石頭施暴，也是證明國民政府態度激昂的一種表現。

一九六四年年初，傳出法國有承認中共的動向，整個世界好奇的眼光投向國民政府。戴高樂外交在世界各地逐漸獲得支持，實際上對非洲的布拉柴維爾集團各國也有很大的影響力。

法國正式承認中共，是在一月二十七日。但法國同時表示無意和國民政府斷絕關係。這是明顯的「兩個中國」政策。

國民政府在二月十日才向法國宣佈斷交。中間隔了兩個星期，在應該是一直以「漢賊不兩立」爲鐵定國策的國民政府來說，史無前例。

這兩個星期，國民政府被迫對外交方針重新進行全盤研究，極端苦悶。生存之道唯有一方面繼續拒絕「兩個中國」，一方面和日本重修舊好。恰當其時，日本提出了顧全國民政府面子，打破僵局的方法，正好順水推舟。國民政府可以說從此投身於日本的庇護下。

二月二十三日，前首相吉田茂以開玩笑的口吻說：「要去曬曬太陽」，訪問台灣，和蔣介石、陳誠等人進行三次的會談。

據說當時吉田茂委婉地向蔣介石勸說：不要虛張聲勢喊「反攻大陸」，把台灣建設成王道樂土才

荒涼的馬祖島

是上策；應該把中共和蘇俄拉開，自由陣營卽使促進對大陸經濟關係也不會使中共政權壯大；爲對抗中共的威脅，日本願意提供日元貸款給國民政府，進行經濟合作在所不惜。（參閱一九六七年三月，東大出版會發行，衞藤瀋吉等合著「圍繞着中華民國的國際關係」。）

蔣介石對第一點強烈反駁，吉田茂始終一副嬉皮笑臉。書面上，日本在五月發表的「吉田書簡」中，保證不運用輸出入銀行等政府資金對中共進行長期分期付款輸出，採取對國民政府讓步的形式。六月，國民政府任命魏道明（參閱一六四頁）爲新駐日大使，日華關係才恢復正常。

一九六四年，國民政府在島內也三度受到台灣人和開明的中國人猛烈的搖憾。

四月下旬舉行的第五屆縣市長選舉，國民黨候選人在二十一個縣市中，有三市一縣遭到敗北。三個市中包括國民政府所在地——台北市。國民黨爲謀萬無一失而提名的候選人——現任市長周百鍊（台灣人），慘敗於「無黨無派」的候選人高玉樹手下。

國民黨照例用陰險的手段干涉選舉，但爲高玉樹日益提高幾達狂熱程度的人望所懾，到最後階段反而不得不略爲收斂。到台灣旅行的人曾經很興奮地向筆者說明：開票當天，台北市民激動的情景令人想起二二八前夕。

台灣人在選舉中表現的激動，和國民政府遭遇的外患並非無關。影響力很大的法國承認中共，連對日關係也搖搖欲墜，台灣人知道國民政府已經壽命不長。

九月發生了彭明敏事件。台灣大學教授，國際知名的太空法權威彭明敏博士，爲了廣泛地向知識階級呼訴：「除非否定國民政府，以台灣的資格獨立自主，不用說台灣人，連中國人都無法生存」，在準備宣傳品的階段被逮捕。這個事件給內外帶來很大的震憾，因爲誰也沒想到連他這種人也主張台灣獨立。

彭明敏事件後來有戲劇性的發展，將另闢一節敍述（參閱　4蔣經國和彭明敏事件）。

正當東京奧運最熱鬧的時候，一九六四年十月十六日，中共第一次進行核子試爆得到成功，使國民政府又受打擊。每個人都認爲「反攻大陸」已經因而被宣告壽終正寢。國民黨機關報「中央日報」還莫名其妙逞強說：「核子科學在今天已經不是秘密。『共匪』的核子試爆不會立刻成爲什麼軍事上威脅」，令人覺得滑稽。國民政府眞正擔心的是，中共的核子武裝也許會給聯合國本就短兵相接的中國代表權問題帶來極大的變動。

十二月十七日，監察委員曹德宣在「自立晚報」發表的「掃除虛僞和不誠實」一文，是雷震朋黨進步的中國人鼓勇建議國民政府採取「兩個中國」政策的文章，在日本也引起注目（參閱一九六五年二月八日的「朝日新聞」和二月十四日的「朝日雜誌」）

「韓戰前後，我們反對『兩個中國』。這絕對有利。因爲所有西方國家認爲中共是侵略國。但是如今國際形勢已經改變。法國公然承認共匪，日本、西德、加拿大、義大利也爭先恐後和共匪通商貿易，建立妥協關係，實際上等於承認共匪。

而且由於最近核子試爆成功，美國的輿論也傾向改變政府的政策，承認共匪。正因如此，共匪利用這個機會更強硬反對『兩個中國』。因爲如今被否認的是我們。

在第十七屆和第十八屆兩屆聯合國大會中，共匪的加入被否決，但這一屆大會很有可能形勢逆轉。固然站在我國的立場必須努力阻止共匪加入聯合國，但即使不幸失敗，我們必須有退一步的準備。絕對不可以意氣用事憤然退出聯合國。」

國民政府大爲震怒，開除他的黨籍，再度堵住進步中國人士的嘴巴。

2　越戰和文化大革命

可以說是第二個韓戰的越戰，救了國民政府一命。

以一九六四年九月發生的東京灣事件爲契機，美國在一九六五年二月七日開始轟炸北越，其後戰爭不斷升級，同年夏天，美國終於增派十萬大軍。

美國開始採取積極戰略，使國民政府高興得手舞足蹈。他們緊張得直吞口水，期望「反攻大陸」

能從神話變成現實。紐約某報提議美軍攻下海南島時，國民政府的報紙所做的反應，宛如「反攻大陸」的具體戰略已經決定。在政府的指示下，所有報紙都大吹大擂發表內容相同的社論：「國民政府軍隊先攻佔海南島，然後由美軍進攻北越，同時支援國民政府軍隊在大陸登陸，炸毀核子工廠。」

但美國無意把戰爭擴大到中國大陸。國民政府大為洩氣，但還不死心，要求美國准許派兵到越南。美國謝絕這個「厚意」，蔣介石就邀請越南總理阮高琪訪問台灣，向他表示願意派兵。可是阮高琪自己做不了主，不敢接受。

美國對韓國和菲律賓等國，不惜保證提供援助款項，要求他們派兵，卻不理睬國民政府一而再再而三的派兵要求，這當然是因為怕使中共的態度變得更加強硬，而且考慮到如果這個時候欠國民政府一筆人情，以後會帶來麻煩。同時，這樣做也和自由世界各國不願跟國民政府扯上關係的心理吻合。

儘管如此，國民政府仍不放棄希望，一味祈禱越戰更趨激烈。令人啼笑皆非的是，越戰的激烈化使美國參衆兩院出現要求對中國問題重新研究之聲。昔日聲勢浩大的院外援華集團已經沒落。國民政府沒想到自己會陷入被迫站在被告席的地步，慌了手脚。

一九三六年三月十六日，在衆院外交委員會作證的魯斯克國務卿，發表了劃時代性的對中共「沒有孤立的封鎖政策」。

這個政策分為十項，第二項到第四項承諾將對處於中共威脅下的亞洲各國提供援助，尤其提到防衞台灣和確保台灣在聯合國的席位，重申封鎖政策。第五項到第十項則強調對中共開放門戶的態度，表明美國並無攻擊中共的意圖，力言美國願意繼續進行美中會談的正式外交接觸和非正式接觸。

這個「沒有孤立的封鎖政策」，立刻受到中共和國民政府双方的駁斥，但國際輿論認爲這是很明智的轉變，表示歡迎。

其實最使國民政府不勝激憤的是，在此之前的參議院聽證會中，出席發表意見的絕大多數有名中國專家，像巴納特（A. Doak Barnett）、費正清（John K. Fairbank）、察哥利亞（Donald S. Zagoria）、史克拉比諾（Robert A. Scalapino）等人，提到台灣的將來，都異口同聲主張應該支持民族自決的原則。

國民政府的報紙，對這些人一齊加以猛烈的攻擊，用「失敗主義」「邪惡的新孤立主義者」「姑息謬論」「左傾幼稚謬論」等字眼破口大罵（參閱一九六八年五月，鹿島研究所出版，田中直吉、戴天昭合著「米國的台灣政策」；一九六六年十二月，日本國際問題研究所發行，野末賢三譯「美國有關中國大陸的政策」上、下）。

就在這個時候，國民政府又遇到救星。

一九六五年十一月，姚文元發表論文批判吳晗的「海瑞罷官」，成爲導火線。一九六六年夏天起，中共陷入所謂文化大革命的大動盪中，全世界爲之震驚，連一向大言不慚說是對大陸摸得一清二楚的國民政府，也有如晴天霹靂。

這些姑且不談，文化大革命確實給國民政府提供最佳的宣傳材料。一九六七年七月，駐美大使周書楷向魯斯克國務卿誇大地表示：「到九月或十月，中共政權將從地球上消失。」國民政府似乎眞的認爲中共政權會立刻發生分裂引起內亂，崩潰瓦解。

蔣介石父子曾經向大陸呼籲：如果大陸的反共力量援助政府，將在六小時以內派遣增援部隊。這個呼籲在香港只留下笑柄。

十多年來，他們一直主張自己是整個中國的正統政府，高喊「反攻」，却不能把握這個千載難逢的大好機會，迅速果敢採取行動，先期待大陸出現迎接自己的力量，然後才做好像是派兵到鄰國去的打算。這種口吻，豈非反而使自己馬脚畢露？

時間在不知不覺中消逝，中共不但沒有分裂，而且文化大革命也勉勉強強趨於平息，中共再度恢復昔日的威信。「反攻大陸」已經完全絕望，這是誰都很清楚的。

話雖如此，我們必須承認，幸虧有越戰和文化大革命，國民政府多少鞏固其政權立足的基礎，儘管這只是一時的現象。

國民政府起初一再叫囂「反攻大陸」，其實卽使美國答應，也是辦不到的，頂多只能派兵越南。國民政府軍隊，規模大致和韓國相當，派兵的話，大概和韓國一樣兩個師左右，但不可能像韓國軍隊那樣有鬪志和戰鬪力。並不是台灣兵比韓國兵素質差，而是因爲站在台灣人的立場無法認眞作戰。這樣的話，在批判國民政府不應該派兵這個問題之前，台灣人就已經立於很難堪的處境。美國拒絕國民政府派兵的要求，雖說是理所當然，但對台灣人來說却很幸運。

話說回來，國民政府雖然攻擊美國「沒有孤立的封鎖政策」是姑息中共政策，但一方面對於美國承認自己的地位，保證支持自己在聯合國的席位這一點，一定覺得放心不少。

另一方面，文化大革命使中共聲名狼藉，給全世界留下惡劣的印象，令人覺得中共這個國家是個謎，不知道會搞出什麼名堂。表面上看來，國民政府因爲敵人的失誤而得到好處。

更不能忽視的是，這段期間內，像原定在阿爾及利亞舉行的亞非外長會議由於政變而流產（一九六五年二月），印尼共產黨起義失敗（一九六五年九月），蘇卡諾垮台，整個共產集團的力量有衰退之勢；相反地，像日韓簽訂條約（一九六五年六月），舉行亞太地區部長會議（一九六六年六月），自由陣營的團結趨於加強，間接造成鞏固國民政府地位的結果。

尤其文化大革命，使以往多多少少對大陸還有戀棧之意，在國民政府統治下的中國人產生下面這種強烈的心理：大陸已非昔日的大陸，就是回大陸也沒有用，台灣還好些。它和鞏固國民黨政權的心理基礎有關。

但國民政府對此無法一味表示高興，這正是它的矛盾所在。上面提到的心理，跟以「正統中國」「反攻大陸」爲原則的國民黨政權，本質上水火不容。國民政府已經不能叱呵鼓勵這些人。相反地，這些人大概會推翻國民政府。

越戰最大的貢獻，大概是給國民政府帶來所謂越南軍事訂貨（一九六七年尖峯時期，貿易及貿易以外的收入共約二億美元）的景氣，造成經濟上的安定。一九六五年前後，台灣經濟由於日本資本大規模進軍而開始產生變化，越南的軍事訂貨加速了它的步伐，最後終於使它的本質完全改觀。

3　日本資本的進軍

從羽田機場起飛的噴射客機飛臨台北上空時，空中小姐就向乘客通知：日本的報紙雜誌禁止攜帶入境。

可是當這些旅客從松山機場搭車進入台北市區時，在車上都大吃一驚。映入眼簾的巴士、計程車、摩托車都是日本製或和日本合作的公司製造的，一排排的廣告所宣傳的都是在日本很熟悉的電視、冰箱、維他命藥劑（訪問台灣的日本觀光客年年增加，一九六八年達十萬三千人，花掉一千五百萬美元的外滙）。

台北應該是蔣介石的「反共聖地」，却有很多連東京都自嘆不如的遊樂場所，這些觀光客在此地大受歡迎，暈頭轉向。這就是週刊雜誌常常當作題材的「台北之夜」「美女如雲服侍週到」。

訪問台灣的日本前首相吉田茂

這二十五年來，國民政府不斷努力消除留在台灣的日本色彩。把日本的舊勢力、舊利權一掃而光之後，進一步想把仍然存在的文化上的影響力加以消滅，這是很理所當然的。

但我們能够一眼看穿國民政府別有居心。正如「紐約時報」特派員福克斯・巴達費爾德（Fox Butterfield）所說，「一半是出於軍國主義的動機，一半是爲了想要徹底控制台灣人。」（一九六九年九月二十八日「紐約時報」）

但是國民政府的工作並未成功。作爲對國民政府壓迫的消極抵抗，台灣人一直對日本抱着親切感。因此美國人才半嫉妬地說：一九六○年代後半，日本資本向台灣進軍得到成功，原因之一在於日本原就有比較有利的投資環境。

日本資本向台灣進軍有更深的理由，當然不用說。

一九五○年代，國民政府全面依賴美國的軍經援助。到一九六五年六月美援停止爲止，美國提供的經濟援助超過十四億美元，照人口比例來計算，比任何國家所獲的援助都多（每人每年九·七美元，菲律賓二美元，泰國一·三美元）。

美國的這筆支出和指導，給國民政府軍隊提供了武器，彌補了貿易上的赤字，興建了許多學校，在基礎工業以及道路、橋梁、水庫、港口、上水道、下水道的建設和充實方面，派上了用場。

正因有這筆龐大的援助，國民政府才能苟延殘喘，但另一方面也造成他們依賴心理更爲加強的結果。他們開始認爲，美國出錢讓自己跟中共對抗是一種義務，不够的由美國彌補是理所當然的。他們替自己辯護說：光靠台灣無法自立。他們也一直主張：因此必須再度征服中國大陸。

到一九六○年代初期，由於美國國際收支的惡化，經濟援助的性質有極大的改變。民營企業的投資受到獎勵，取代了政府贈與方式的援助。一九六二年，對國民政府的贈與方式的經濟援助被廢止，開發援助和開發贈與也被削減。國民政府依照美國的勸告，制定「獎勵投資條例」（一九六○年九月），設立「國際經濟合作發展委員會」（簡稱經合會，一九六三年九月）這種接受外資的機構，以謀改善投資環境。

在這個情況下，美國民營的美孚石油公司和聯合化學公司就跟中國石油公司合作，頭一個在台灣投資。他們獲得美國政府和國民政府双方的投資保證後，在新竹設廠生產尿素肥料的中間產品。這個投資並非只是預料到經濟上有利可圖才進行的。除了有政治上的用意，要讓國民政府懷抱希望之外，也是爲了引誘日本資本而拿出來的誘餌。

但是國民政府對美國的新政策曾加以抗拒。國民政府仍然只希望贈與方式的援助，而且在引進外資政策上，跟所有落後國家一樣，出於本能對「經濟侵略」抱着恐怖感。一九六二年春天，國民政府叫囂「反攻」，美國和國民政府的關係突然惡化，理由之一就在這裡。

國民政府恢復平靜後，引進外資政策仍未能上軌道。一九六三年到一九六四年，對日關係陷入低潮，前面已經提及。

日本的工業界、貿易界向台灣謀求發展的氣氛高漲，是一九六五年四月日本和國民政府根據前首相吉田茂訪台時所做的承諾，談妥一億五千萬美元貸款以後的事。

到了一九六〇年代，日本經濟規模擴大，每個企業都因人手不足和工資上漲傷透腦筋。作爲解決方法的一環，他們看中了勞動力豐富而且水準高的台灣。國民政府的勞工政策不准許工人罷工，壓低工資，對勞動時間沒有嚴格的限制，這些對於日本的企業家也是一種誘惑。

在此之前，日本商品確實也突破重稅的阻礙和嚴格的進口限制，源源流入台灣，但他們認爲這有一定的限度，趁着國民政府採取引進外資政策的良機，以設立合資公司的手段，改採在台灣維持和擴大輸出市場的方針。這個時候，日本的企業有意識地選台灣人做合作的對象。

而且此後必定會實施的特惠關稅，成爲促進對台投資的原因之一，這一點也不能忽視。既然落後國家向先進國家出口的商品享受特別優待，日本企業也可以利用台灣的合資公司，走後門沾特惠關稅的光。

向台灣進軍的日本企業，時間最早而且最多的是製造家庭用小型電氣用品和製造藥品，紡織品、食品、紙張加工等次之。其後，製造電阻器、精密線圈、電子設備、機械（零件）、工具等生產資料的企業也陸續出現。開頭直接以台灣的消費市場爲對象，後來以對第三國輸出爲目的的企業逐漸增加。

一九七〇年代初期，獲准投資的件數，包括出資（現金、實物出資、技術、專利等等）和貸款，共達三百零七件，六千三百萬美元（一九六九年底統計）。幾乎所有出資都是合資（日方出資平均百分之五十）。實際的金額應該更多。因爲取得股份時，從日本輸出的機械設備類估價都偏低。

合資公司的增加也加強了日本公司對台灣貿易的控制。例如出口商品中，金額最多的是紡織品兩億美元（砂糖、米、鳳梨等農產品的時代已成過去），其中百分之六十到八十由日本的大公司經手。

國民政府的貿易，原先幾由國營的中央信託局一手壟斷。但如果讓一心一意只想中飽私囊的官僚包辦，將無法在激烈的國際商業戰爭中取勝。由於日本公司能替自己爭取更多的外滙，國民政府才勉勉強強給予許可。

一九六九年度國民政府的貿易總額達二十三億一千五百萬餘美元，輸出約爲十一億一千萬美元，輸入約爲十二億五百萬美元。入超額約爲一億美元。如何彌補這個赤字，成爲一大問題。

輸出的主要對象是美國約四億美元，日本約一億八千萬美元。輸入的主要對象是日本約五億美元，美國約三億四千萬美元。對日本的龐大入超引人注目。

站在國民政府的立場來說，日本經濟這麼旺盛的活動，本來不是可喜的現象。不過既然美國的亞洲政策方針在於期待日本卸其仔肩，而「自立更生」也不是一蹴可幾，那就只好依靠日本。而且他們老奸巨滑，在這個場合也盤算到，日本經濟越是加強對台關係，日本財經界人士越是動彈不得，它將有助於阻止日本接近中共。

在台灣投下的日本資本，確實成爲國民政府的人質。日本的政界、財經界對擴大日中貿易態度消極，乃因顧慮到對台投資，這也是事實。

公平地說，這個顧慮也有道理。大陸市場和台灣市場，對於日本而言並非兩者擇一的問題，應該二者兼顧。大陸市場的確比台灣市場大很多，令人產生幻想。但目前双方貿易總額相差無幾，台灣反而比較多（一九六九年日中約六億三千萬美元，日台約七億八千萬美元）。如果考慮到中日兩國政治體制的不同和分屬兩個陣營的競爭關係，就不會像小孩子的氣球充滿空氣一樣，對大陸市場充滿幻想。

國民政府的引進外資政策，正如中國成語所謂「飲鴆止渴」，必然地會使專制體制從根部腐爛，製造出更大的矛盾。

國民黨的基本經濟路線，本來是以孫文的民生主義中的「平均地權」和「節制資本」爲兩大支柱。「平均地權」卽所謂土地改革，在逃入台灣後才分期實施，一九五三年大致完成（參閱第七章7掛羊頭賣狗肉的土地改革）。「節制資本」可以說在陳儀接收後就付諸實施。

所謂「節制資本」是以發達國家資本和節制私人資本爲目的，否定自由經濟，採取統制經濟。孫文的動機在人道主義，但被蔣介石的國民黨歪曲，削足適履，以便配合他們的體制。結果出現「四大門閥」的壟斷，國家資本和黨資本混在一起，實質上成爲黨幹部私營。

在台灣，國民黨幹部也互相傾軋，企圖把銀行、重要工業、土地佔爲己有，以國營、省營、黨營的名義，置於各派系的控制下。

它使台灣整個經濟陷入停滯，但國民政府因而能確保兩百萬中國難民的衣食住行，同時對台灣人操生殺與奪之大權。

但是引進外資政策跟與此有關的，以輸出爲方針的海島型經濟政策，勢必破壞國民政府的國有化政策和統制經濟。而下層結構如產生變化，上層結構當然也會產生變化。

雖然有合資企業和本地工業相互競爭這個麻煩的問題，整個民營企業的飛躍發展，加強了台灣人在政治上的發言力量，蔣經國不得不擺擺姿勢起用台籍才俊，同時讓台籍企業家——雖然爲數極少——和大陸籍的經濟官僚一起躋於國民黨中央委員之列，就是它的具體表現。

台灣的政治社會正面臨重要的分歧點。財富分配不均，貧富之差日益懸殊。在這方面，台灣人和中國人並無兩樣，可以說是新產生的複雜的問題。

稅制依賴間接稅，又沒有社會保障制度，因此所得無法重新分配，要糾正財富分配的不均，毫無希望。島內到處都是失業者，勞工沒有勞工法，任人剝削，大部分農民依然生活困苦。

「獻身」服侍日本人的女性，通常都是從農村被賣到城市的。

一九六五年九月二十五日的「徵信新聞報」，報導了一個以台幣三萬五千元被賣到風化區的十六歲少女的悲劇。這不過是無數例子中的一例。

另外在各方面，例如集中性的公共投資、公害對策、教育研究水準的提高等等，都亟需國民政府採取斷然的措施。

但現在的國民政府沒有這個餘裕。既然自稱「中國的正統政府」，以「反攻大陸」爲國是，就必須頂着繁雜的政府組織，維持龐大的軍事機構和秘密警察網。國民政府爲此撥出的預算達三億美元（一九六八年度），佔中央預算的百分之八十五，佔包括地方（省）預算在內的總預算的百分之五十。

在這個結構之上，國民政府必須謀求貿易立國。這是多麼的矛盾！這個矛盾究竟能掩飾到什麼時候？

4　蔣經國和彭明敏事件

一九六五年三月，陳誠終於死於肝癌（享年六十七）。陳誠之死意味着蔣介石的「帝位」將由「太子」蔣經國順利繼承。

一九六六年三月，蔣介石四度連任總統（任期六年）。兼任行政院長的嚴家淦（江蘇人、一九〇五年生）勉勉強強過半數當選副總統。副總統本來以元老張群和孫科呼聲最高，最後決定讓年輕一輩的嚴家淦出來擔任，有人公然批判這是因爲副總統必須是蔣經國能隨便操縱的人物。

蔣經國（一九一〇年生）歷任國防部長（一九六五年）、行政院副院長（一九六九年），踏實地鞏固他的地盤，現在只等着「讓位」。

但蔣經國原是留俄共產黨員，也是秘密警察頭子，這個陰影怎麼也擺脫不掉。他拼命想要改變自己給人的印象，馬不停蹄地訪問美、日、韓、泰等國，挺着醜陋的粗短脖子，搔首弄姿，爭取好感。儘管如此，某著名政治評論家跟筆者交談時，還是不屑地說：「日本人在戰爭結束時欠蔣介石一筆人情，但跟他兒子蔣經國毫不相干！」

在國內，蔣經國對陳誠派下的經濟官僚，吸收的吸收，革職的革職，另一方面對台灣人也擺出讓步的姿態，努力製造「開明太子」的印象。

但台灣人和剛才提到的日本評論家一樣，並未被蠱惑。

一九六四年十月二十三日，警備總司令部宣佈將台灣大學法學院教授彭明敏和他的學生謝聰敏（「今日之中國」編輯，當時三十二歲）、魏廷朝（中央研究院助理，當時二十九歲）三人，以叛亂的罪嫌逮捕，給國內帶來震盪。

事實上這三個人早在一個月以前——九月二十日就被逮捕。在台美國人士知道彭明敏突然失踪非常吃驚，向歐美的大學、學者通知有變，把事情鬧開，使心黑手辣的國民政府無法像許多事件那樣，暗中把它隱蔽過去。

彭明敏（鳳山人，一九二三年生）曾就讀於東京帝國大學和台灣大學，留學加拿大、法國，在巴黎大學取得法學博士學位後，擔任台灣大學法學院政治系主任。

他是聞名世界的太空法學家，因此被國民政府利用做對美宣傳的材料。國民政府任命他爲駐聯合國代表團顧問（一九六一年）、中美科學教育委員會代表，作爲起用台灣人的榜樣。蔣經國還把他當作「青年模範」之一，親自加以表揚。

那麼彭明敏爲何以叛亂罪的嫌疑被捕？國民政府既然宣佈逮捕，就不能不公開審判。一九六五年三月，軍事法庭開庭，公開了下述事實：他們三人圖謀不軌，起草印刷所謂「台灣自救宣言」的宣傳小册子，以「台灣自救聯盟」的名義廣泛分發各界的前一剎那被捕。

「宣言」約兩千八百字，一開頭斷言「一個中國、一個台灣」已經是不可爭辯的事實，正面否定了國民政府所倡的「正統中國」的主張，接着道破反攻大陸絕對不可能，分析中國兵和台灣兵的心理說：

「……有人說，大陸來台人士返鄉心切，容易受蔣介石的驅使。其實中共國勢的強大，已使百年來飽嘗外侮的民族主義者揚眉吐氣，他們相信，這絕不是貪汚無能的蔣政權所能望其項背的。我們究竟爲誰而戰？爲何而戰？

……至於代退伍軍人而入伍的台籍青年在他們的記憶中仍然留着蔣介石在二二八事變中屠殺二萬台灣領導人物的仇恨，他們雖然三緘其口，始終還是蔣介石的「沈默的敵人」。在軍裝的鐵面孔下，固然看不出他們的思想，他們無論如何不致認賊作父受蔣介石的奴役。」

「宣言」在最後提出三個目標和八個原則，主張一千二百萬島民應不問省籍，精誠合作，建立新的民主國家，作爲自由世界的一分子，對世界和平作出貢獻。結語說：

1979年2月28日，彭明敏在東京演講

「……多少年來，中國只是兩個是非，一個是極右的國民黨的是非，一個是極左的共產黨的是非。眞正的知識反而不能發揮力量。我們要擺脫這兩個是非的枷鎖。我們更要放棄對這個政權的依賴心理，在國民黨與共產黨之外，從台灣選擇第三條路——自救的途徑。」

軍事法庭只做了兩天的證據調查，四月二日就適用「懲治叛亂條例」，將「宣言」的提案人謝聰敏判處十年有期徒刑，彭明敏和魏廷朝分別判處八年有期徒刑。

站在國民政府的立場來說，即使處以死刑也心有未甘，但因顧慮到輿論，算是從輕量刑。儘管這樣，國際上還是強烈譴責這是「彈壓言論自由，不合人道的壓迫」，蔣介石只好在一九六五年十一月「特赦」彭明敏，其他兩人也跟着減刑一半。

彭明敏被釋放後，未能獲准同大學任教，在台北市內的家裏處於「半軟禁」狀態（美聯社電）。

但如把彭明敏的「特赦」，完全歸功於國際輿論的壓力，就等於只看到事實的片面。

彭明敏等人是三月交付軍法審判，在這之前一個月，也就是二月，蔣經國破天荒自己出面接待，邀請省議會所有議員參觀軍隊三天。省議員絕大多數是台灣人，而實際作戰部隊也是以台灣人爲主體。這是蔣經國爲了使彭明敏事件在台灣人之間引起的動搖平息，煞費苦心採取的懷柔之策。

同年五月，「臨時政府總統」廖文毅隻身從東京飛往台北，向國民政府投降。國民政府如獲至寶，高興萬分，除保證他的生命和自由外，還答應把沒收的財產發還，向內外宣傳其德政是如何寬大。

廖文毅所以投降，是因爲「臨時政府」被留學生和台僑唾棄，嘗到挫折的痛苦滋味，特務趁這個機會，用盡手段活動成功。

由於廖文毅投降，海外的獨立運動一度聲價大跌，不能否認。但是在島內也同時出現反作用。省議員李秋遠（台北縣選出）、郭雨新（已述，參閱一八一頁）、許世賢（女，嘉義市選出）向政府提出強烈的要求：既然實際參加獨立運動的廖文毅都能放過，只印刷宣傳品的彭明敏也應該免罪。關於彭明敏的「特赦」，許世賢的發言含意很深。她說：「政府的寬大措施是順應時勢。」（參閱一九六五年十一月十六日發行，「自治」第一四九期）

一九六六年春天，國民代表大會讓蔣介石四度蟬聯總統。陳重光（一九一二年生，台北市選出）等四十名省議員，聯名向國民大會要求改選把持十九年之久的「中央民意代表」——二千餘名國大代表、四百餘名立法委員、一百餘名監察委員。這是越來越大膽的台灣省議員，對國民政府的政治體制所做的間接挑戰，值得重視。

一九七〇年一月二十三日，台灣獨立聯盟在美國、日本、加拿大、歐洲（西德）各地的本部一齊宣佈：彭明敏逃出台灣，平安抵達亡命地點落脚安身，轟動了全世界。

他們還宣佈：包括台灣島內在內的五個地區本部，業於一月十五日成立台灣獨立聯盟，作爲統一組織，總本部設在紐約，主席人選也已經決定（美國總本部：蔡同榮，日本本部：辜寬敏，加拿大本部：林哲夫，歐洲本部：簡世坤，台灣本部：邱怡發）。

進入一九六〇年代之後，海外的獨立運動一直都是以留學生爲主體，在各地推進（參閱一八七—一八八頁），以彭明敏被捕爲轉捩點，他們之間出現了統一的機會。他們當中有許多人是彭明敏的學生。

因此，國民政府的中央通訊社，在一月二十四日得悉彭明敏選瑞典作第一個亡命地點後報導：「彭明敏已經投靠叛亂組織」。

彭明敏逃出台灣，具有双重的重大政治意義。彭明敏身體上有很明顯的特徵（日本國內遭遇空襲時失去左臂），却能從軍隊和秘密警察戒備嚴密的台灣平安無事逃出——這個事實除了證明島內的獨立運動地下組織茁壯發展之外，還令人臆測可能有「其他的力量」（二月八日東京「觀察家」）加以幫助，也不無道理。

更進一步地，這個事實使人們覺得：像彭明敏這種人都不惜冒着一旦被發現會被當場開槍打死的危險，下決心逃出台灣，也許他認爲台灣的情況已經相當緊迫。

二月十六日的「新聞週刊」登出該刊記者羅拔特・科連哥爾德（Robert J. Korengold）對彭明敏採訪的內容，有些地方很能扣人心弦：

……「如果給我一個月自由演講的時間，一定能够打倒蔣政權給大家看。」他以沈靜而且顯得很理所當然的態度這麼表示。「不管是誰，只要有講合理的話的自由，同樣辦得到。讓人民自問自答看現在的政府代表誰，這就足够了。這個政府既非中國的政府，更非台灣人的政府。」……他又說：「如果我想對台灣的將來給予影響，必須先從改變美國的政策着手。但是我如果在瑞典就沒辦法這麼做。」

國民政府只在一月三十一日，發表通緝彭明敏的簡短聲明，以後就對有關的新聞嚴加管制。相反地，中共不斷猛烈攻擊這是「美日反動政府的策動」，引人注目。二月二十四日北京廣播稱：……去年十一月，美帝頭子尼克森和日本反動政府頭子佐藤榮作會談後，美日反動派策劃「台灣獨立運動」的罪行變本加厲。根據明白的事實，美日反動派暗中把他們的嘍囉，台灣獨立運動的頭子之一彭明敏從台灣叫出來，大肆活動……

三月十日的「北京週報」也刊出同樣內容的論文，顯示中共的關心不比尋常。

中共的攻擊充滿誹謗中傷，徒令有識之士嗤笑，但也可以當作台灣獨立運動在國際上更加引人注目的一種反映來解釋。

說日本政府策動台灣獨立運動，根本就是寃枉。一九六八年三月，台灣青年獨立聯盟（台灣青年社後身）同志柳文卿（當時三十三歲），被日本政府當作和國民政府交易的條件，強制遣送返台的事件，記憶猶新。

不過，一九六九年十一月日美舉行會談，決定沖繩歸還日本時，曾經在聯合公報中表示日美兩國對台灣的安定有重大的關心，強烈刺激了中共則是事實。

就美國而言，一九六八年五月答應在巴黎進行越戰和談以來，提出所謂關島主義，謀改變亞洲政策，對中共也縮小第七艦隊在台灣海峽巡邏的規模（一九六九年十二月），恢復美中會談（一九七〇年一月），積極緩和緊張。

美國這種新政策，中共本來應該很高興。無法一味表示高興，乃因他們認爲它和國民政府的自然消滅——台灣獨立相通。

蔣經國和蔣介石的關係，等於林彪和毛澤東的關係。双方都被獨裁者指定爲接班人。接班人有獨裁者撐腰，氣焰萬丈。但是接班人的黃金時代，是當他還是接班人的那一段時間。接班人無法把獨裁者的權力原封不動接下來。

何況，如衆週知，林彪爲宿疾肺病所苦，無法保證他能活得比毛澤東久。同樣地，據傳蔣經國也患嚴重的糖尿病，不見得不會比他老子先死。一九七〇年四月二十四日，蔣經國訪美途中，在紐約的大飯店被台灣獨立聯盟同志黃文雄和鄭自才兩人行刺，這個消息震驚全世界。恐怖分子的頭子被恐怖分子虎視眈眈。獨裁者的地位並非安如泰山。

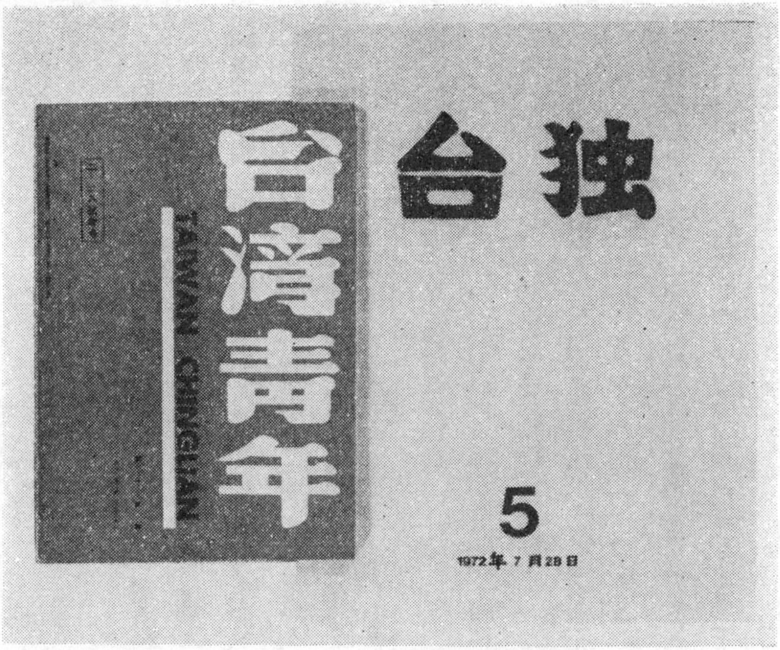

台灣人高喊台灣獨立的宣傳雜誌

終章 台灣的獨立

在前面各章，筆者敍述了台灣人的歷史和台灣各種現象的梗概。讀者一定能够瞭解，所謂台灣人的歷史就是台灣人在台灣尋求自己的自由和幸福的新天地，作殊死鬪爭的過程，而台灣的現實距離他們的理想非常遙遠。

在過去作殊死鬪爭的某一段時期，台灣人曾想借助中國人的力量。這個力量本來就不應該依靠，而且也不能依靠，迎接國民政府時代之後，大家總算把這一點銘刻於內心。

台灣人爲了擺脫國民政府的壓迫，現在正向自由陣營求助。提到自由陣營，大多數台灣人最先浮現腦海的是日本。有一個青年這麼呼訴：

「……以前日本強迫台灣人把日本稱爲祖國，繳納稅金給日本政府，爲日本抛棄數十萬人的生命，現在對台灣人的命運究竟有什麼想法？

如果是日本帝國陸海軍還存在的時期，大概會毫不留情地把侵犯台灣人權益者打落台灣海峽，可是現在却抱着一副事不關己的態度說：「台灣已經放棄，歸屬應未決定。」

我們希望日本人，起碼替沒有發言權的台灣人，在聯合國主張：討論台灣問題時必須尊重台灣人的意見；討論台灣問題而不讓台灣人參加，違反正義和人道。

日本人如果肯表示這些許誠意，在南洋戰死的數萬台灣青年將能死得瞑目。家兄也是奉天皇徵召，在馬尼拉戰死的許多人當中之一。即使不補償死者的生命，也希望能對生存者作這一點點的供養。」（摘自一九六三年二月發行，「台灣青年」第二十七期所載，南崢：「我的獨立論」）

從日本截至現在的政治氣氛來看，這個呼訴有多大效果，必須懷疑。

但台灣人並不失望。相信正義的呼聲總有一天會喚醒人們的良心。只要台灣人再接再厲繼續鬪爭，總有一天一定會得到勝利。自古以來，還沒有一個爲獨立而戰的民族未能獲得獨立，即使鬪爭的時間有長短的不同。

現在兩個陣營的對立，多少已經固定，要從這一個陣營跳槽到另一個陣營，非常困難。在台灣所屬的自由陣營內尋求變革——從國民政府統治走向獨立自主——容易得多，而且也應該這麼做，勿庸贅言。

自由陣營犧牲台灣人的自由和幸福，支持國民政府，是出於反共的「大義名分」，但國民政府的反共不可置信，在第七章末尾已經提到。

也有人認爲，如不支持國民政府，東南亞的華僑將只有支持中共一途，這樣對自由陣營沒有好處。這是不瞭解華僑心理，看錯政治上的方向特性而做的判斷。

大多數華僑本來就已經不是中國人，成爲僑居國家的國民。這是他們把自己的利益和僑居國家的利益結合在一起考慮的必然結果。它和台灣人優先考慮台灣人的利益並無兩樣。

因此，「我們要擁護國民政府！」或「我們要擁護中共！」之類的吆喝，並未由華僑積極提出，完全是國民政府和中共誇大宣傳的結果，這一點必須弄清楚。

台灣的獨立，不但不會發生不良的作用，反而會幫助這些華僑鞏固同化於當地的決心。

由此可知，對國民政府加以援助並不合理，所以台灣人要求停止這個援助。只要自由陣營不予援助，台灣人將會立刻決然起事，和國民政府一戰。

因此必須促使自由陣營，從削減更進一步停止對國民政府的援助。所以說宣傳工作是鬪爭中最重要的一環。

在順序上，可以先着手使國民政府放棄「反攻大陸」的念頭，拿下「中華民國」這個招牌。它將進一步引起兩百萬中國人的混亂和分裂。也許會發生政變或暴動。最後收拾局面的將是台灣人。

雖然畢竟是不可能的事，國民政府如果同意放棄「反攻大陸」的念頭，拿下「中華民國」的招牌，這也行。龐大的軍隊加以縮小，中央政府及其附屬機關加以裁撤，民主化將眞正受到促進。換言之，實質上的獨立將自然而然地實現。

在這裡要澄清以免引起誤會的是，台灣人並不希望和兩百萬中國難民怨上加怨，仇上加仇。有朝一日台灣獨立，去就任由他們選擇，想回大陸的，給予方便讓他們回去，希望留在台灣的人當中，想歸化的，准許他們歸化，想保留外國人身分的，當作外國人加以保護。

台灣幸好沒像韓國或越南那樣發生過熱戰。雖然台灣跟這些國家一樣，命中注定必須和共產陣營對抗，但並不必採取軍事至上主義。我們相信，只要扎下自由主義和民主主義的深根，一定能建立安定的台灣。

欲能如此，必須迅速而合理地把國民政府的統治所留下的傷痕治好。

軍隊的裁減和復員，行政機關的合併，教育的整頓和充實，語言政策的確立，中國難民的對策、各種工業的整編，人口膨脹的抑制，社會風紀的革新等難題堆積如山。

等台灣人能夠承擔這個重任，理想國才能成爲現實。

我如何寫「台灣」

1 幸運接踵而至

拙著博得各界佳評，對獨立運動的啓蒙宣傳似乎有些貢獻，我覺得非常高興。總之，時間趕得很湊巧。有一位台僑欣喜地拉着我的手說：「好！太好了！在這個最適當的時候出版，再怎麼挑也挑不到比這個時候更適當的啦！」聽了不覺眼眶一熱。

有一個獨立運動家，很難得的來找我，他對我大捧特捧，說着說着說漏了嘴，把眞心話都說出來，實在愉快之至。他說：「不是書寫得好，是時間趕得湊巧。因爲有關獨立的書以前出過好幾本。」我也打幫腔說：「是啊！我認爲版稅的百分之二十應該給周鴻慶，百分之八十應該給戴高樂總統。」

跟自費出版或委託出版不同，像我們這種「無名小卒」，要由日本一流的出版社出版一本書，是件非同小可的事。

而且又是這個主題。內容跟文章的話，畢竟是多年心血的結晶，多少還有自信，最大的問題在於出版社的勇氣。誰願意火中取栗？有關中藥的書銷路也不錯，寫寫獅子也很容易成爲暢銷書。對主義主張雖然同情，「只肯開口不肯動手」——這是我向來得到的教訓。

儘管如此，我還是下定決心，打算起碼花兩個月時間，遍訪各出版社。在上山春平教授的介紹下，拿到弘文堂交涉，沒想到在這裡一拍卽合，不禁懷疑自己是不是聽錯。

但是我生來愛操心，莫可奈何。在沒有看到所有校樣印好之前，一顆心老是七上八下。

向我授意找上山教授的是當時擔任「中央公論」副總編輯的粕谷一希先生，我認識粕谷先生則是透過「台灣青年」。

上山教授是在日本出版界舉足輕重的京都大學人文科學研究所學派的巨擘之一。他在台北高等學校求學期間，和亡兄交情很深，「彼此曾在古亭町所租的公寓內，口沫橫飛談論天下國家大事。」我只在數年前的某個聚會中見過他一面，後來也沒有通信，上山教授恐怕已經忘了有我這個人。到現在才無事不登三寶殿，拿責任又重又是儘打如意算盤的事情拜托他，老實說提不起勇氣。

但是，我在這四年來畢竟已經學會衝鋒陷陣。我先寄了幾本「台灣青年」——上面登了幾篇我所寫的有關家兄的隨筆——給他，同時提到自己的宿命和快要完成的稿子。

去年八月十四日，這個難忘的日子，我寫了一封信，大概的內容是：「我現在的心情，就像做父母的把自己辛辛苦苦養大的女兒送出去相親一樣。無論如何請把稿子過目一下。如果您覺得有出版的價值，就請鼎力幫忙……」這封信連同綑紮得很結實的包裹，用限時掛號寄給上山教授。

上山教授所以肯助一臂之力，亡兄和他的交情一定發揮很大的作用。我知道像他這個年紀以上的日本人還保留着「人生感意氣」的氣慨。

因此這本書如果多少給國民政府帶來打擊，套用「三國志」的字眼，可以說是「死王育霖氣壞活蔣介石」。

上山教授仔細看了我的稿子，核對有疑問的地方，另外把詳細的筆記寄給我。上山教授指出的，的確都是我主觀過於露骨的地方，此外有關敍述的順序或措詞不當之處均詳加標註。這些地方，後來我都參酌弘文堂編輯部主任（現任 SIMUL 出版會董事長）田村勝夫先生的意見，儘可能改寫。

只有一件事，因爲時間和能力有限未能完成，現在仍然覺得非常遺憾。那就是上山教授的建議：不妨附加台灣人口變遷表。換言之，如果以人口爲縱軸，以年代爲橫軸，設定坐標的話，能够描出幾條很有意思的曲線。高山族在四百年前就登上舞台，但曲線在低處逐漸下降。台灣人在四百年之間，從原先的數千人增加到現在的一千萬人，曲線很陡。相反地，五度更替的外來統治者在某個時期突然出現，又突然消失。台灣眞正的主人翁是台灣人，一目瞭然。

不滿意的地方說也說不完。儘管校對得很仔細，錯字還是很多，實在慚愧。敍述上的小錯誤也有數處（在這次補充修訂時已儘可能訂正）。

底稿有四十張左右的「人名索引」「項目索引」，由於經費和時間的關係不得不割愛，也覺得耿耿於懷。整體上，文章過於生硬，漢字太多，不免有沈悶的感覺，想來也是自己不够成熟的證據。

2　以「新書版」爲目標

我原先就有意以現在流行的某某叢書「新書版」（縱約十八公分，橫約十公分的袖珍本，便於攜帶，內容以啓廸新知爲主）的方式出版本書。

我想寫一本在內容體裁上能够讓全日本的知識分子人手一册，坐電車拉着吊環輕輕鬆鬆閱讀的台灣史。

這樣做，對台灣問題的正確認識才能在日本社會形成有力的輿論，風起雲湧。某某叢書的話，廣告很醒目，不論什麼小書店都陳列在最好的位置。出版社本身也會不斷加以補充，儘量保持叢書的齊全。

如果能成爲其中的一册，只要該出版社不關門大吉，它將在日本全國各地書店的店面，一直輕快地提出台灣獨立的主張。

但長處同時也是短處。「新書版」的稿子不容易寫。

我想寫的書，目的在於呼訴和證明：台灣人要求獨立並非始於國民政府的暴政，實際上是基於四百年歷史的必然性。

欲如是，必須旁徵博引，有充分而詳細的記述，令人能够接受。一九六一年七月出版的史明先生所著「台灣人四百年史」是五開本，厚達六百四十八頁，因此定價也偏高，爲日幣一千二百元（本書初版定價爲二百九十元），但史明先生仍在序中抱怨：「要把四百年的歷史納入僅僅數百頁的篇幅，難如登天。」而我却立意想用兩百頁三百五十張稿紙把它寫出來。

首先排大綱，決定把全書分爲「序章」、「尋求新天地」、「荷蘭時代」、「鄭氏時代」、「清朝時代」、「台灣民主國」、「日據時代」、「國民政府時代」、「終章」等九章。

歷史的分期是相當複雜的問題。我們向來所學的是以朝代的更迭來分期的方式。有人批評這個方式輕視社會結構的變革，但就台灣史而言，外來統治者的更替給整個社會帶來極大的變革，因此上述的分期大致還算妥當。

問題在於用什麼方法把重點放在哪一章。歷史既然是以現在爲出發點，就應該把最大的重點放在「國民政府時代」，大概不會有人提出異議。

還有這本書是在日本出版，以日本讀者爲主要對象，所以「日據時代」也不能忽視。實質上，「日據時代」給台灣帶來現代化，使台灣人的意識形態產生很大的變化，具有重大的歷史意義。

因此我毫不吝惜地把全部篇幅的一半分配於這兩章。

第二步工作就是列舉各章的重要項目，決定每個項目要寫的張數。因此，讀者當中卽使會有人對敍述的詳簡感到不滿意，大概也不會有什麼人指責：重要部分有所脫漏。有沒有脫漏，在最後編索引時最清楚。不論人物或事件，如果乙項的重要性比甲項有過之而無不及，結果却把乙項脫漏，這就不公平。當然要把乙項補進去，不然就是甲項也許沒什麼重要，應該和乙項一樣省略。

大致的籃圖完成後，按照東海道新幹線分段建設的要領，先從資料齊全的項目着手，隨時提筆。但通常無法照預定的篇幅一氣呵成。

例如「二二八大叛亂」原來決定寫十張左右，光是逐條列舉「三十二條要求」就有七張之多，絞盡腦汁之後不得不濃縮成：『「三十二條要求」的要點，由兩大部分構成。第一部分是有關政治形態的主張——在台灣實施高度自治；選台灣人當省長、各處處長、司法官；軍隊以台灣人爲主體編組等等。第二部分是對保障言論、出版、結社、罷工等基本人權的謳歌』，只剩下五行左右。

跟「三十二條要求」的全文一樣，許多應該提出詳細資料加以說明的重要事項只能輕描淡寫一筆帶過，畢竟覺得遺憾。這些只好留待後日「註解」。

內容已經碰到這種「難關」，所以文章根本不允許有隻字片語的冗贅。彫心鏤骨，千錘百煉，推敲又推敲。

我的文體以台北高等學校時代習得的論文筆調為基礎，漢字多，語氣生硬。這一點我有自知之明，不過讀者一定以上年紀的居多，大概能夠忍受。

3 歷史和政治之間

我從小愛好歷史。使我對歷史產生興趣的是小學時代的安田實老師。

安田老師是九州鹿兒島人，他認為自己是「熊襲」（日本古代傳說的種族名稱，居住於九州中南部）的後裔，以此自豪。他一臉連鬍鬚子，身材魁梧。我當時年紀還小，不知道「熊襲」是什麼，感到很好奇。上課時常聽到老師提及「薩摩隼人」（對薩摩地方＝九州武士之美稱）和西鄉隆盛。

1964年12月23日登在日本讀書新聞的廣告

上台南一中後，教歷史的

是現任慶應大學教授的前嶋信次老師。前嶋老師當時是台南地區的歷史權威，每次發現或發掘到石馬、石碑，報上一定登出前嶋老師的談話。

後來進台北高等學校，聽鹽見薰老師講授東洋史和日本史，深受感動。鹽見老師站在台灣人這一邊，經常批判總督府的作風。

他考試時出的題目，都是「人種與民族」或「試論元朝衰亡的原因」之類的大題目，我的分數通常接近滿分。很遺憾的是鹽見老師在三年前尚任奈良女子大學教授兼附設高中校長時去世。

戰後我從學生變成老師，在台南一中（前二中）教歷史和地理。教育處指定的教科書內容陳腐不堪，我只把它當作補充教材，自己擬訂授課計劃。

中國史主要參考「物語東洋史」（出版社不詳），地理則專門活用富山房的百科辭典。學生似乎很高興，現在還有許多人對此覺得懷念。

因此，一九五〇年四月我復學再度進入東京大學時，一度很想從中國文學語學科轉到東洋史學科。

但一則礙於替我奔走使我能夠復學的倉石武四郎教授的情面，二則根據搞戲劇運動的體驗感到有研究台灣話的必要，我打消了轉科的念頭。不過，只要時間許可，東洋史和日本史的課我都去聽。取得東洋史高中一級教員的資格，是我內心引爲自豪的。

一九五七年十二月，我自費出版了「台灣語常用語彙」，作爲博士論文的一部分。概論中特闢「台灣殖民史」一節。我的台灣史觀在那時候已經建立了基本的假設。

「台灣青年」創刊後，我雄心勃勃想寫一本够水準的台灣史。

台灣的獨立，本質上就是台灣人和中國人全面攤牌。由來於中國人的台灣人，爲什麼不得不和中國人攤牌？無論如何必須追究原由。

我們的敵人經常指責我們「背叛祖宗」、「出賣民族」。這是足以令人感到畏縮，惡劣之至的罵人話。這種「道德上」的責難，具有跟人身攻擊含義不同的尖銳度。我們也許可以說：正因對這種責難未能準備有效而適當的反駁，獨立運動才陷入停滯。

「臨時政府」那些人有什麼歷史理論，我曾經加以調查。結果發現他們主張：「鄭氏時代是台灣人第一個王國，台灣民主國是台灣人第二個王國，現在的獨立運動是第三個王國復國運動。台灣民族和中國民族的區別在於血統……」。我對此不能不產生全面的懷疑，但最初而且最大的疑問則是沒有談到歷史以前的極爲單純的疑問。

許多台灣人對政治漠不關心，現在的獨立運動陷入停滯——這是過去曾經兩度建立獨立國家的民族所應有的狀態嗎？亡國的民族所做的抵抗，應該不是這麼輕鬆的。試將朝鮮人強烈的對日反感和台灣人對日本的感情加以比較即能明瞭。也可以說，正因台灣人一次也未曾擁有自己的國家，才不知道奴隸的悲慘。

說鄭氏政權是台灣人的國家，根本牛頭不對馬嘴。鄭氏高喊復明，想要反攻大陸。台灣人建立的國家怎麼可以是對大陸眷戀不捨的好戰國家！

至於台灣民主國，親共台灣人所做的奚落更令他們無言以對。親共台灣人知道唐景崧的獨立宣言中有「恭奉正朔，遙作屏藩」等語，把它當作奚落的最佳材料。

而且「臨時政府」那些人逃避責任，未能說明台灣人建立的這些國家壽命短促的原因。記取亡國的教訓，使其有助於現在的「復國」運動，豈非指導者的責任和義務？

後來我向某幹部打聽他們眞正的想法。他說：

「台灣眞正的歷史沒有人懂。我們只想到怎麼說對我們的宣傳比較有利。一般人常懾於權威或傳統。宣傳說台灣的獨立實際上有哪些成績，旣冠冕堂皇，又能夠打氣。反正政治和學問是兩回事。」

這是所謂吹牛皮嚇唬人，確實也有一些道理。但是卽使有人會詆毀說我不是「政治上的人物」，我還是認爲不可以吹牛皮嚇唬人。吹牛皮嚇唬人不但勞心傷神，而且時間一久會露出破綻。被騙的人一定會光火，造成反效果。

說實話，這種吹牛皮嚇唬人的宣傳，對他們的獨立運動究竟有什麼好處，令人懷疑。有多少台灣人感奮興起？有多少日本人表示敬意和同情？

訴諸事實的作法，就台灣人的歷史而言，正如我這次在書中所述，沒有任何地方可引以爲榮，不如說只有一連串的耻辱，實在苦不堪言。

4　批判和反駁

但正確的努力始於正確的認識。瞭解正確的努力方向，就是很微弱的力量也能發揮有效的作用。根據這個認識，我開始研究台灣史。

我認爲台灣史有幾個高潮。二二八、台灣民主國、清朝時代、鄭成功——這些都是有關台灣人和中國人的關係的項目。

我拿二二八做頭一個主題。二二八我身歷其境，而且家兄就是在那時被殺害的。我的熱情得到同志的合作，得以在「台灣青年」第六期發表「二二八特刊」，總算有了收穫。

在整體上，我從比較能駕輕就熟的人物評傳着手。從「台灣青年」創刊號開始連載的「匪寇列傳」（朱一貴、林爽文、郭光侯、余清芳）「拓殖列傳」（陳永華、吳沙、沈葆楨、金廣福）「能吏列傳」（陳永華、藍廷珍、劉銘傳、後藤新平）即屬於此。

最後的計劃是「先覺列傳」，預定寫辜顯榮、林獻堂、蔣渭水、謝雪紅，也做了準備，但因工作逐漸忙碌，未能寫成。

台灣民主國是繼二二八之後的主要目標。這個主題，資料不多不少，最適合研究。查資料的期間發現其中充滿謀略的味道，令人驚訝。看到來台灣的中國人，會懷疑他們到底懂不懂自由主義或民主主義，這種中國人根本不可能在半個世紀多以前就想建立眞正的民主國家。像丘逢甲這個重要角色，也有迹象顯示他曾藉口召募義勇，侵呑兵餉。

鄭成功這一部分，以前爲了調查方言，讀過江日昇的「台灣外記」，當時的記憶幫了不少忙。在撰寫過程中，我一度進退維谷。

他在台灣人和日本人當中極有人緣，是象徵日台合作的最佳人選。「臨時政府」那些人拉他出來做招牌的構想，很有可取之處。

但鄭成功奉明正朔，自己只稱「藩主」，完完全全是明朝遺臣，毫無脫胎換骨做台灣人的蛛絲馬跡。鄭氏三代對移民的態度極爲冷酷。

「破壞偶像」的勇氣，在讀到連溫卿（前文化協會會員）「關於台灣民族性的研究」一文中論及鄭成功之處時，油然而生。

正如書中所述，我相信把鄭成功個人的吸引力和鄭氏政權的本質截然劃分，就能解決進退維谷的困境。

關於「清朝時代」，有下面這一段因緣。

有一次和某著名評論家交換意見時，我向他說明：台灣就像以前是日本的殖民地一樣，在清朝時代也只是殖民地。他聽了瞠目結舌說：「我們一直以爲台灣既然是中國領土的一部分，大概跟大陸人站在完全平等的立場。照你所說根本就不是這麼一回事。但願這一點能更加強調。」

這件事一直縈繞腦際，使我貫注全力研究台灣的殖民地特性。例如「福建的殖民地」這一節，對於不懂經濟的我來說，是一次全力以赴的學習。

關於「日據時代」，孫明海先生發表於「台灣青年」（第三十九期）的書評，使我略有感觸。他認爲我對簡大獅和陳秋菊評價含糊不清，「多少不無顚倒正邪的味道」。

大概是前年秋天，寫到這個地方的時候，在編輯會議上我曾介紹這兩個人並徵求大家的意見。大家都支持簡大獅，所以我就特別替陳秋菊辯護。當時的印象似乎還留在腦海。

崇尚純潔的年輕人嘉許簡大獅的生存方式，這種心情我很瞭解。瞭解是很瞭解，可是社會並非這麼單純。做人是很難的。像德川家康的母親（於大夫人）那樣活着比死還痛苦的例子也有。

台灣人既無可以依靠的祖國，也缺乏民族團結，對他們來說，並非只有玉碎才算抵抗。「麥克阿塞回憶錄」提到菲律賓的阿幾納德將軍和奎松總統雖然協助美軍，一方面却認爲繼續抵抗下去毫無益處，哀求美軍投降。他們的苦衷，只要是台灣人應該比誰都能理解和同情。

我無法對簡大獅和陳秋菊兩人加以「正邪」的評價。雖然我能够說哪一方對清廷和日本人的認識較深。

辜顯榮也是如此。他被台灣人打上「御用紳士第一號」這個很不名譽的烙印。民衆的評價確實有一面眞理。

但是，替日軍帶路使日軍不流血進入台南城的英國人巴克禮被市民感謝，而在台北採取同樣行動的辜顯榮却受到咒罵，任何人看來也會覺得不公平。

我認爲辜顯榮的生存方式也是有其道理的一個生存方式，因此特闢一節介紹，讓讀者自行批判。林成一先生（後來脫離廖文毅）在「臨時政府」的機關報「台灣民報」發表書評，其中有些地方值得商榷。

首先他認爲我不應該把二二八稱爲「叛亂」，應該稱爲「二二八（革命）事件」。他說：「當作叛亂來看，含義似乎有些不同，並非只是對語言表達的感受方式不同。」

這麼會鑽牛角尖，令人心折，但我認爲這大概是對日語理解力不一樣。照我的看法，「事件」和「叛亂」表現的氣勢不同，概念也不同。勉強說是「二二八大革命」亦無不可，但實質上略有出入。

因爲它介於「事件」和「大革命」之間，所以稱爲「叛亂」，如果知道「印度兵之亂」被歌頌爲印度獨立的先聲，大概就不會強詞奪理吹毛求疵。其次，他說：「卷首的圖片說明，介紹林獻堂、李萬居、郭雨新、郭國基四人是『台灣獨立運動的領袖』，令人產生疑問。」這一段話和他在書評的前言中特別強調廖文毅的地位這一點對照之下，似乎其來有自。

我們看任何事物必須從大局上着眼。一個民族運動是由許多涓涓細流滙聚而成大河洪流的。連那麼自傲的中國共產黨都認爲太平天國之亂是中國民族運動的先聲，而且不吝於承認許多組織和團體在該黨解放中國的過程中發揮的先驅作用。

廖文毅率領的「臨時政府」，對獨立運動一直作出貢獻，我也承認。不過，將一生的大半傾注於抗拒日本，反抗國民政府的暴政，鬱鬱客死東京的林獻堂先生同樣是堂堂的領導人物，毫無遜色。

身爲省議員，一面高喊「蔣總統萬歲」，一面批判國民政府的台灣人，從不同的角度來看，可以說比在日本悠哉遊哉高喊獨立的我們這些人有勇氣得多。

我也許寫得太多。說不定有人會認爲我是替自己宣傳。但我的眞意在於：透過這本書的出版，把我學到的告訴沒有什麼經驗的台灣人，尤其是後代的台灣人，供他們參考。我本身是一個缺乏歷練，學識尙不成熟，德行淺薄（所以家父把我取名育德）的男子。

我切盼：許許多多的人——不限於台灣人——發現並指出這本書的舛誤，使更好更充實的有關台灣人歷史的著作能够出現。我本身和這本書只是爲了台灣人的幸福而擊出的一支「犧牲打」而已。

後記

本書出版後引起很大的反響。「朝日」「每日」「讀賣」三大報、各地方有力量的報紙以及部分週刊雜誌都刊出書評，作了善意的介紹，雖然一律帶着驚愕的口吻。

每天有數十册新書出版，這些新書競相挖空心思想要讓大報在書評欄提一筆——如果知道日本出版界的這個內幕，本書所受的重視可說非同小可，當時我有一股衝動想祈禱上蒼看台灣人的命運能不能因而否極泰來。

每一篇書評對我來說都很值得感謝，尤其一九六四年二月二十三日的「星期日每日週刊」說：……日本人由於對中國人抱着曾經發動侵略戰爭的罪惡意識，常有故意避而不談「台灣人」問題的傾向。也有許多人由於無知而對這個問題不聞不問。但我們認爲：即使結果將成爲「支持」北京、國民政府或台灣的任何一方，所有日本人首先有「認識」這個現實的義務。著者「出於無法克制的心情」寫成的這本書，從這個角度來看，可說是日本人必讀之書。

這一段可以說道出我如鯁在喉一吐爲快而又吞下肚裏的心聲。

但例如尾崎秀樹先生發表於二月十七日的「日本讀書新聞」的書評則使我百感交集。這篇書評的內容如下：

「特殊化」的歷史的追溯——更加坎坷的民族自決的前途

關於台灣的前途以往也有很多人討論過。但都有把台灣視爲擺在國際政治棋盤上的一顆棋子的強烈傾向，對台灣本身幾乎一無所知，則是實情。

如果說台灣是日本人以往一次也沒有到過的國家（這種國家應該不存在於地球上），那就另當別論，但我們談的是二十年前還是日本殖民地的一塊土地。不過不瞭解台灣史這一點，台灣人並無兩樣。

長達五十年的日本的統治和緊接其後的蔣介石政權的絕對君臨，剝奪了住在當地的人們的歷史，阻止他們學歷史。這本書以親密的口吻向日本人呼籲，同時含有對他們同胞啓蒙的意圖，大概就是這個事實的表露。

台灣人的祖先移居福爾摩沙（美麗的島嶼）台灣，始於十六世紀後半，透過原田孫七郎、有馬晴信、村山等安等人，和日本之間有不少直接和間接的往來。經過荷蘭將近四十年的統治，二十三年的鄭氏時代，清朝兩百餘年的統治後，一八八五年割讓給日本。我們感到興趣的是反對割讓，建立台灣民主國以後的歷史，說是比後來的國民政府時代還「差強人意」，使我們不能不對日本五十年的殖民統治作深入的回顧。這本書的特點之一就是由台灣人自己編撰，其次就是從歷史的觀點追溯台灣的「特殊化」。

王育德先生攻讀中國語言學，在政治活動方面則是台灣獨立運動的一個據點——「台灣青年」的實際主持人（據說去年底已經辭去總編輯的工作）。正因爲如此，「台灣屬於台灣人；只有台灣人才是台灣眞正的主人翁」——這個思想貫串本書綿延不絕。把台灣史濃縮於如此有限的篇幅，想來已非易事，如果進一步要求的話，眞希望本書能對台灣現代化的經濟上的各個方面有更深入的探討。

我很久以前就對他的「台灣民族論」感到懷疑。在本書裏頭，他這個主張寓於歷史的具體敍述中。台灣問題的首要問題是：怎樣做才能實現住在台灣的民衆的幸福。他們的構想——使國民政府放棄「反攻大陸」的念頭，拿下中華民國的招牌，建立台灣人的台灣共和國——在不允許政治眞空的國際緊張的舞台上究竟有多少具體性？法國宣佈承認中國以來，中國問題乃至於台灣問題處在劇烈的動盪之下。尤其國民政府和法國斷絕邦交後將產生什麼變化，無法逆料。因爲誰也不敢保證，台灣民族自決的問題不會從令人感到意外的角度被提出來討論。台灣史概論的出版甚至應該說已經晚了一步。

一九六〇年創辦「台灣青年」以來，我和尾崎先生就有密切的交往。聽說他們父子兩代都和台灣有關係，所以對台灣和台灣人瞭解很深，也因爲如此比任何人都期盼台灣人能够幸福。他對本書雖然給予很高的評價，但對我極力主張的台灣人達成悲壯心願的途徑，實際上並未瞭解。這一點令我感到落莫，深深覺得「一百個理論不如一個實踐」，產生想棄筆打游擊的衝動。

尾崎先生還好。在受到意識形態拘束的那些人的筆下，我的書被歸到「壞書」這一類。新島淳良、野村浩一編「現代中國入門——應讀書目」（勁草書房、一九六五年九月）就是這麼下斷語的。

該書闢有「台灣問題」一章，只不過當作陪襯，固然未可厚非，但它一開頭就規定：「瞭解台灣問題，對於日本人而言，就是對殖民地統治的責任抱什麼看法的問題」，已經呈現凶兆。他們眼中根本沒有台灣人。

很令人懊惱的是，以前「世界」雜誌編輯部請我當主講人，舉行內部的台灣問題研究會時，野村先生也是聽講者之一。新島先生是倉石武四郎教授的學生，跟我算是同門。卽使毛澤東主義者不講什麼情面或人情，再怎麼說總是堂堂大學教授。難道不能夠偶而擺脫政治立場，虛心坦懷讀一本書嗎？總之，他們是這麼寫的：

王育德「台灣」。王某人曾是數以百計的獨立派中最正經的「台灣青年」這本起初爲双月刊後來改爲月刊的日文雜誌的主持人。他是東京大學文學部中國文學科出身的語言學家，曾自費出版關於台灣的語言（中國方言的一支）的論著。

和下面介紹的幾本書（指簡文介「台灣的獨立」、史明「台灣人四百年史」等書）比起來，「台灣」這本書對台灣的歷史涉獵典籍調查甚詳，要瞭解台灣一千年的歷史，這是一本合適的書。

著者提出所謂台灣民族論，圖作爲獨立論的佐證。但其結論反對中國，對美國的控制幾乎隻字不提。在今天這個時候看來，正因寫得很技巧，可以說是品質惡劣的壞書。

他們認爲反對中國就是「壞書」。不過在這之前，我這本書已經受到中共無以復加的痛罵和漫罵，比較起來他們也許還算有溫情。

一九六五年二月號的「人民中國」刊載了題爲「特輯　台籍人士談台灣問題」的座談會發言內容。其中有一個人說：

現在住在日本的一小撮民族叛徒當美帝和外國反動派的走狗，主張所謂「台灣民族形成論」。他們喪心病狂只知賣國求榮。(一〇頁)

所謂中共的痛罵漫罵就是指此而言。敎唆台灣人攻擊台灣人是「以夷制夷」的老招數，被當作嘍囉的親共台灣人才是可憐兮兮。

雖然沒有指名道姓(因爲這樣做反而會變成替我宣傳)，明眼人一看就知道主要是針對我而言。既然他們這麼說，我也要反駁一下。中共開口就猛吠：「台灣是中國神聖的固有領土」，但對台灣和台灣人究竟知道多少？中共取得政權以來是否出版過有關台灣以及台灣人的綿密而合於科學的論著？答案是沒有。這就是中共對台灣眞正的關心！毛澤東「沒有調查就沒有發言權」這句話，他們究竟怎麼理解？

這本書出版不到兩個月就印了三版，賣了一萬五千册左右。

佐藤首相當政以前，我曾經在某次酒會見過他一面。記得當我自我介紹時，他對我說：「啊！你的書我看過了。受益很多。不過，眞的沒法跟中國人和好相處嗎？」

有一個朋友告訴我：前首相吉田茂爲了勸蔣介石建設王道樂土，在一九六五年二月訪問台灣時，曾於機上聽隨行的國會議員講解我這本書。

因爲這本書的底頁印了我的住址，所以有許多讀者寄來熱烈的讀後感。北自北海道，南至沖繩，來自日本全國各地。老一輩的人居多，但大學生和高中生也不少。年輕人當中甚至有人因爲過於感動而表示希望加入我們的行列。每次收到讀者來信，我就感到這本書沒有白寫而心滿意足。遺憾的是令人可悲的現實：在社會上有實力的人處於難以開口的立場，相反地，能够挺身說話的人在社會上則沒有實力。

這本書似乎也有不少被帶進台灣。不論國民政府如何防範，一定有漏洞可鑽。

有名的台籍政治家曾偷偷來訪問我說：「我從某方面拿到你的書，如飢似渴讀完它。難爲你寫了這本書。爲了讓更多的台灣人讀，我把它拆散輪流看。大家一面哭一面讀。讀這本書不哭的就不是台灣人。我不只以個人身分，還代表一千萬台灣人向你道謝。我有資格這麼說，是不是？」

今年一月逃出台灣，亡命瑞典的彭明敏教授也突然來信說：「你的書不愧名著。不過很遺憾的是年輕一代的台灣人已經不懂日文，但願能翻譯成中文大量帶進島內。」

能讓島內的台灣人高興有這本書，這是我最大的喜悅，當然不用說。

我現在就開始期望：將來台灣獨立，有那麼一天解除對歷史的禁令，每個人能站在自由的立場來發掘和研究台灣史。這本書本來就是預料有那麼一天，爲了抛磚引玉而寫的，不過一般人只提到這本書的政治作用，我想在現在的政治情勢之下，這是不得已的，已經把它看開。

台灣史年表

西元	年號	台灣	國際
三世紀		沈瑩「臨海水土志」稱為夷州加以介紹	
六一〇	隋大業六	陳稜遠征	
十二世紀後葉		蕃人掠福建沿岸（「文獻通考」）	元寇（一二七四、一二八一）
一二九二	元至元二九	楊祥圖謀遠征	
一二九七	大德一	高興使部將擊之	
十四世紀後葉		澎湖島置巡檢司	倭寇猖獗　福建鄧茂七暴動（一四四八）
一三七二	明洪武五	湯信國議移澎湖島民至大陸	
一四三〇	宣德五	鄭和第七次航海中途遇風靠岸	
十六世紀中葉		葡船命名為「福爾摩沙」加以介紹	火槍傳至種子島（一五四三）
一五六三	嘉靖四二	俞大猷追林道乾至澎湖島	葡人據澳門（一五五七）　呂宋建市（一五七一）　荷蘭獨立（一五八一）
一五八〇	萬曆八	曾一本據澎湖島	
一五九三	萬曆二一	原田孫七郎致書「高山國」	英國東印度公司（一六〇〇）　荷蘭東印度公司（一六〇二）

一六〇三	萬曆三一	荷蘭艦隊遇風在澎湖登陸	呂宋島華僑遭大屠殺
一六〇九	萬曆三七	有馬晴信被派到東部探險	荷蘭在平戶開設商館
一六一二	萬曆四〇	明儒沈光文（～一六八八）漂流到台灣	
一六一五	萬曆四三	村山等安所派遠征艦隊遇難	巴達維亞建市（一六一九）
一六二二	天啓 二	荷蘭艦隊佔據澎湖島虐待島民	東林黨爭（萬曆天啓年間）
一六二四·	天啓 四	顏思齊設寨（八月） 荷蘭人進入南部	鄭成功生於平戶
一六二五	天啓 五	顏思齊死鄭芝龍任首領 福建大旱招募飢民	
		＊漢人、日本人、荷蘭人共存時期	
一六二六	天啓 六	西班牙佔據北部與荷蘭抗衡	長崎迫害基督教徒
一六二七	天啓 七	侃第紐斯在新港社開始傳教	
一六二八	崇禎 一	濱田彌兵衛事件 鄭芝龍降明	日本和荷蘭斷絕邦交
一六二九	崇禎 二	荷蘭人攻打西班牙未能獲勝	
一六三〇	崇禎 三	遮蘭奢城完工 獎勵移民	
一六三六	崇禎 九	實施各社酋長「地方會議」制	日本閉關自守（～一六三九）
一六四二	崇禎一五	西班牙人被驅逐	鄭經出生
一六四七	清順治四	格拉維斯開始自印度輸入黃牛	鄭芝龍降清（一六四六）
一六五〇	順治 七	布羅比殿奢城完工	鄭成功要求日本援助（一六四八）
一六五二	順治 九	郭懷一之亂	鄭成功包圍漳州
一六五四	順治一一	蝗害餓死者八千	鄭成功攻打金陵失敗（一六五八）
一六六一	順治一八	鄭成功攻台 改為東都設萬年、天興二縣	清第一次遷界令
一六六二	康熙 一	荷蘭人離台 鄭成功圖經略呂宋 鄭經醜聞 鄭成功暴斃（三九歲）	永曆帝在雲南被弒 清向鄭經招降
一六六四	康熙 三	鄭經入台鞏固部署改稱東寧	來襲荷蘭艦隊覆滅於舟山（一六六三）
一六六六	康熙 五	陳永華建孔子廟興產業 劉國軒進駐半線（彰化）	

一六六七	康熙　六	清使孔元章來台和談	
一六六八	康熙　七	荷蘭放棄收回台灣的念頭	
一六七〇	康熙　九	英人與鄭經交涉貿易	濱田事件解決諾依玆獲釋（一六七三）
一六七九	康熙一八	清朝最後一次和談	三藩之亂（一六七三～一六八一）
一六八〇	康熙一九	鄭經放棄沿岸根據地遁入台灣　陳永華死去	揆一王「被忽視的台灣」問世（一六七五）
一六八一	康熙二〇	鄭經死去（四〇歲）　鄭克壓被殺　立鄭克塽	
一六八二	康熙二一	泉州人王世傑進入竹塹（新竹）開墾	
一六八三	康熙二二	施琅滅鄭氏　寧靖王和五妃自盡　鄭克塽和官兵都被遣送到大陸	
一六八四	康熙二三	施琅諫阻棄臺論　置一府三縣隸屬福建　設三禁	
一六八六	康熙二五	客家移民進入下淡水溪流域開墾	
一六九五	康熙三四	郁永河來台旅行	
一六九六	康熙三五	吳球之亂　賴科越過山脈至東部	
一七〇八	康熙四七	泉州人陳賴章等進入台北盆地開墾	江日昇「台灣外記」　布薩瑪那查爾「台灣地歷」問世（一七〇四）
一七一〇	康熙四九	連年歉收　米價暴漲	
一七一三	康熙五二	規定「盛世滋生人丁」免除新賦	
一七一四	康熙五三	耶蘇敎士馮秉正等來台測量	
一七一六	康熙五五	岸裡社蕃阿穆進入台中盆地開墾	征討西藏（一七一八）
一七二一	康熙六〇	朱一貴之亂　藍廷珍、藍鼎元致力革新	
一七二三	雍正　一	設淡水廳、澎湖廳、彰化縣　有台南三郊之組織	藍鼎元「平台紀略」完成
一七二五	雍正　三	開始有「台運」	
一七二九	雍正　七	嚴禁移民　山猪毛社蕃之亂	
一七三二	雍正一〇	吳福生之亂　有條件准許接眷屬	藍鼎元「東征集」完成

一七三五	雍正一三	眉加臘社蕃之亂	
一七三八	乾隆　三	萬華龍山寺建成	
一七四〇	乾隆　五	再度禁止援眷屬	巴達維亞華僑大屠殺
一七四八	乾隆一三	客家移民進入苗栗盆地開墾	
一七六〇	乾隆二五	全面放寬渡台禁令	盧梭「民約論」問世（一七六二）
一七六九	乾隆三四	通事吳鳳殺身成仁	
一七七〇	乾隆三五	黃教之亂　林漢生至蛤仔難（宜蘭）探險被殺	
一七七一	乾隆三六	波蘭人貝尼歐斯基圖進入東部開墾	美國獨立戰爭（一七七五～一七八三）
一七八二	乾隆四七	漳泉發生分類械鬥　中部紛擾不安	
一七八四	乾隆四九	鹿港開港	
一七八六	乾隆五一	林爽文之亂（～一七八八）	法國大革命（一七八九～一七九五）
一七九二	乾隆五七	開拓八里坌（淡水）　萬華開港 ＊由是有「一府二鹿三艋舺」之稱	
一七九五	乾隆六〇	陳周全之亂	
一七九六	嘉慶　一	吳沙進入宜蘭地方開墾	白蓮教徒之亂（～一八〇四）
一八〇三	嘉慶　八	小琉球居民進入火燒島開墾	拿破崙即位（一八〇四）
一八〇六	嘉慶一一	漳泉分類械鬥　中部放火殺人長達數月	
一八〇七	嘉慶一二	朱濆騷擾蘇澳	
一八一二	嘉慶一七	設噶瑪蘭廳	
一八一五	嘉慶二〇	郭百年等進入埔里開墾	清嚴禁輸入鴉片
一八二三	道光　二	林永春之亂	門羅宣言（一八二三）
一八二四	道光　四	許尚之亂	德川幕府下令擊退外國船（一八二五）
一八二六	道光　六	黃斗奶之亂	

一八二八	道光　八	淡水人吳全等進入花蓮港溪流域開墾　陳集成公司進入大科崁（角板山盆地）開墾	
一八三二	道光一二	張丙之亂	
一八三三	道光一三	金廣福公司進入竹東開墾	
一八四一	道光二一	英艦窺伺基隆	鴉片戰爭（一八三九～一八四二）
一八四四	道光二四	郭光侯抗租　鳳山曹公圳完工	天保革新（一八四一～一八四三）
一八五一	咸豐　一	淡水人重阿鳳進入花蓮港平原開墾	太平天國之亂（一八五〇～一八六四）
一八五三	咸豐　三	漳泉分類械鬥　漳州人敗走而開拓大稻埕　李石、林供之亂	克里米亞戰爭　培理航行至浦賀
一八五四	咸豐　四	賴唇、黃位之亂　培理艦隊部分人員登陸勘探煤礦（七月）	幕府和培理締結親善條約（三月）
一八五五	咸豐　五	鳳山人鄭尙至卑南（台東）　陳秋菊出生	亞羅號戰爭（一八五六～一八六〇）
一八六二	同治　一	戴萬生之亂	美國南北戰爭（一八六一～一八六五）
一八六六	同治　五	辜顯榮生於鹿港	同治中興　洋務運動（一八六四～）
一八六七	同治　六	美船羅拔號事件	
一八六八	同治　七	英人霍倫企圖進入東部開墾　英艦攻擊安平	明治維新
一八六九	同治　八	酋長卓杞篤和美國政府締約	
一八七〇	同治　九	甘爲霖進入台灣南部開始傳教	廢藩置縣
一八七一	同治一〇	馬偕進入台灣北部開始傳教	
一八七四	同治一三	西鄉從道征討牡丹社蕃	
一八七五	先緒　一	沈葆楨進行革新　獎勵移民　積極開拓台東	西南戰爭（一八七七）
一八八一	光緒　七	林獻堂生於阿罩霧（霧峯）	三國同盟（一八八二）
一八八四	光緒一〇	法國艦隊攻擊北部佔領澎湖島	清法戰爭（～一八八五）

一八八七	光緒一三	台灣建省　劉銘傳當第一任台灣巡撫　推進洋務運動　舖建基隆新竹間的鐵路（～一八九三）	法領印度支那成立（一八八七）
一八八八	光緒一四	施九段之亂	頒佈明治憲法（一八八九）
一八九〇	光緒一六	蔣渭水生於台北	
一八九一	光緒一七	劉銘傳辭職　邵友濂繼任廢除新政	
一八九四	光緒二〇	劉永福到任保台　唐景崧當第三任巡撫	甲午戰爭（一八九四～一八九五）
一八九五	日明治二八	比志島支隊佔領澎湖（三・二四）　締結馬關條約割讓台灣、澎湖給日本（四・一七）　任命樺山資紀爲第一任台灣總督（五・一〇）　台灣民主國成立（五・二五）　禁衛師在澳底登陸（五・二九）　總統唐景崧逃走（六・五）　總督府布政典禮（六・一七）　伊澤修二在芝山巖開始教授日語（七・一六）　劉永福逃走（一〇・一九）　北白川宮能久親王死於台南（一〇・二八?）平定全島（一一・一三） ＊第一期武力抵抗結束 公佈清國人登陸台灣條例和大陸斷絕關係（一一・一）　陳秋菊等襲擊台北（一二・三一）	三國干涉（四・二三）　孫文在廣東首次起義（九・一〇）
一八九六	明治二九	芝山巖六名教師殉職（一・一）　公佈法律第六三號（三・三〇）　雲林柯鐵、簡義等人起義（六・一四）　台灣鴉片令（二・一四）	孫文倫敦蒙難（一〇・一一）
一八九七	明治三〇	根據馬關條約由居民決定去就之日（五・八） ＊台北縣一、五七四人，台中縣三〇一人，台南縣四、五〇〇餘人，澎湖島八一人，多爲財主	設八幡製鐵廠（二月） 德國佔據膠州灣 俄國佔據旅順
一八九八	明治三一	第三任總督乃木希典免職　兒玉源太郎、後藤新平到任（二・二六）　保甲條例（八・三一）　臨時台灣	康有爲組織保皇黨（二月）　德宗宣佈變法（四月）　宣佈不割讓福

一八九九	明治三二	土地調查局編制（九・一）　匪徒刑罰令（一一・五）	建省（五・四）　西太后事變（九月）　仇教運動如火如荼
一九〇〇	明治三三	創辦醫學校（四・一七）　台灣銀行開始營業　資本五百萬圓（九・二六） 黃玉階等人創「天然足會」（三・一〇） ＊一九〇五年一〇月一〇日爲止纏足者八〇〇、六一六人，佔婦女總數的五六・九％ 招集儒生士紳一五一人舉行揚文會（三・一五）　簡大獅死刑（三・二二）　創設台糖（一二・一〇）	義和團起於山東（～一九〇〇） 法國租借廣州灣（一一月） 宣佈開放門戶（三月）　廈門出兵事件（八月）　立憲政友會成立（九月）
一九〇一	明治三四	謝雪紅生於彰化 馬偕死去（六・一）　臨時台灣舊習調查規則（一〇・二五）	清朝禁止纏足（農曆三月）　命各省派留學生（農曆九月）
一九〇二	明治三五	林少貓被討平（五月） ＊第二期武力抵抗結束　一八九八～一九〇二年被殺戮者一一、九五〇人	
一九〇四	明治三七	改革幣制（七月）	日俄戰爭（～一九〇五）
一九〇五	明治三八	全島耕地面積田三一六、六九三甲、園一五八、八八〇甲（二月）　戒嚴令（五～七月）台北開始有電燈（九・一一）	孫文在東京組織同盟會（八月） 竹越與三郎「台灣統治志」問世（九・五）
一九〇七	明治四〇	縱貫鐵路通車（四・二〇）　北埔事件（一一・一五）	
一九一一	明治四四	斷髮會在大稻埕舉行（二・一一）　梁啓超來台在林獻堂家作客（二～三月）	日韓合併（一九一〇）　辛亥革命 幸德秋水等人死刑
一九一二	大正　一	林圮埔事件（三・二三）　土庫事件（六・二七）	中華民國成立
一九一三	大正　二	廢除公文之中文譯文（一・二〇）　佐久間總督大規模征討北部蕃社（六～九月）　羅福星事件（一〇月）	二次革命　孫文逃到台灣（八月）

一九一四	大正　三	六甲事件（五月）　板垣退助再度來台組織同化會（一二・二〇）　林獻堂等人合議創設台中中學（翌年實現）	第一次世界大戰（〜一九一八）
一九一五	大正　四	同化會被解散（二・二六）　西來庵事件發生（八・三）	日本對華二十一條要求（五月）　「新青年」創刊（九月）
一九一六	大正　五	林茂生（一八八七〜一九四七）東京帝大畢業　第一個文學士　＊第三期武力抵抗結束	袁世凱死去（六・六）
一九一七	大正　六	甘爲霖回國（二・二一）　早稻田大學棒球部來台（一二・二九）	文學革命　俄國革命
一九一八	大正　七	撤廢六三法期成同盟會在東京成立　黃玉階死去（六十九歲）	中國南北分裂（一月）　威爾遜提倡民族自決
一九一九	大正　八	田健治郎當第一個文官總督（一〇・二九）	朝鮮三一事件　五四運動
一九二〇	大正　九	留日學生組織「新民會」（三月）　林獻堂被推爲會長（一二月）　「台灣青年」創刊（七・一六）　謝文達駕機返台訪問（一〇・一七）　＊當時會日語者一千人中有二八・六人、朝鮮爲二一・七人	國際聯盟成立（一月）　日本最初的五一勞動節　中國發生安直內戰
一九二一	大正一〇	設置台灣議會請願運動崛起（二月）　組織台灣文化協會（一〇・一七）	中國共產黨成立（八月）　日首相原敬被刺　華盛頓會議揭幕（一一月）
一九二二	大正一一	杜聰明（一八九三〜）獲京都大學學位　第一個醫學博士　台灣議會請願運動受到壓迫	孫文接見越飛（一月）　日本共產黨成立（六月）
一九二三	大正一二	介紹中國白話文（一月）　「台灣青年」發展爲「台灣民報」（四月）　辜顯榮組織御用團體「公益會」（一	京漢鐵路罷工（二月）　創造社積極活動（五月）　關東大震災（九

		一月）周天啓等人組織「鼎新社」掀起新劇運動（一二月）	・一）
一九二四	大正一三	蔣渭水等人被起訴（三・一） 張我軍等攻擊舊文學	國共第一次合作 列寧死去（一月）
一九二五	大正一四	二林成立蔗農組合（六・二八） 鳳山成立農民組合（一一・一五） ＊農民運動興起	孫文死去（三・一二） 五卅運動 日本公佈普選法（五月）
一九二六	昭和 一	成立台灣農民組合（六月） ＊一九二七年一一月末爲止有四個州支部聯合會、二三個支部、成員二四、一〇〇人 陳炘（一八九三～一九四七）設立大東信託（一二・三〇） 台北高校創校	蔣介石開始北伐（七月）
一九二七	昭和 二	蔡培火提倡羅馬字（一・二） 文化協會分裂（一・三） 黑色青年聯盟被搜捕（二月） 台北市人力車夫二千人罷工 高雄鐵工廠罷工（四月） 台灣民衆黨成立（七月） 各地成立工會	金融恐慌開始（三月） 蔣介石四一二反共政變 武漢政府國共分裂（七月）
一九二八	昭和 三	工友總聯盟成立 共二九團體，六、三六七人（二・一九） 台北帝大創校（三・一七） 謝雪紅等人在上海成立台灣共產黨（四月）	全日本農民組合成立（五月） 伊能嘉矩「台灣文化志」撰成 張作霖被炸死（六月） 朱德、毛澤東會於井崗山
一九二九	昭和 四	「台灣新民報」發刊（一月） 各種政治團體受壓迫	矢內原忠雄「帝國主義下的台灣」刊行（一〇・一〇）
一九三〇	昭和 五	民衆黨分裂 掀起鄉土文學論戰（八月） 霧社事件（一〇月） 台灣共產黨鼎盛時期	倫敦裁軍會議（四・二二） 批判李立三路線（一一月） 世界開始陷入恐慌
一九三一	昭和 六	謝春木「台灣人的要求」刊行（一・一〇） 民衆黨	蔣介石監禁胡漢民（三・一） 九

一九三二	昭和 七	左傾被解散（二・一九） 蔣渭水死去（八・五） 穩健派成立台灣地方自治聯盟（八・一六） 左傾分子大量被捕（六、一一月） 台語正字法掀起論戰 「台灣新民報」獲准發行日刊（一・九） 反對限制運入台灣米運動（夏天） 禁止開設書房（一一・一八） 蘇維賢組織「民烽戲劇研究會」 ＊築地小劇場影響所及	一八事變 瑞金成立中華蘇維埃臨時政府（一一月） 上海事變（一・二八） 滿洲國成立（三・一） 五・一五事件 納粹成為第一大黨（七月）
一九三三	昭和 八	實施內地台灣通婚法（三・一） 搜捕共產黨（七・二五）	美國開始實施新政策 日本退出國際聯盟（三月）
一九三四	昭和 九	辜顯榮被日本天皇選為貴族院議員（七・三） 台灣議會設置請願運動停止（九月） 楊逵「新聞配達夫」登載（一〇月） 日月潭發電廠竣工 總工程費六、四〇〇餘萬圓	希特勒就任總統 共軍開始長征（一〇月） 日本廢除華盛頓條約（一二月）
一九三五	昭和一〇	台灣實施地方自治（四・一） 舉行布政四〇週年大型博覽會（一〇・一〇）	德國宣佈重整軍備（三月） 意依戰爭（一〇月） 共軍抵達陝北（一二月）
一九三六	昭和一一	林獻堂「祖國事件」（六月） 小林躋造任第一七任總督（九月） ＊恢復武官總督	二二六事件 西班牙發生內亂（七月） 魯迅死去（一〇・一九） 西安事變（一二月）
一九三七	昭和一二	推動皇民化運動 禁止用中文（四月） 台灣地方自治聯盟解散（八月） 辜顯榮死於東京（一二・九）	七七事變 國共第二次合作（九月）
一九三八	昭和一三	中國空軍空襲新竹（二月） 派軍夫到上海（五月）	德奧合併（三月） 發表建立東亞新秩序聲明（一一月）
一九三九	昭和一四		第二次大戰爆發（九月）
一九四〇	昭和一五	改姓名運動 進行寺廟的整頓 成立勤行青年隊	汪精衛政權成立（三月） 日德意三

一九四一	昭和一六	成立皇民奉公會（四・一九） 東港事件（一一月） 高砂族義勇兵參加菲律賓作戰（一二月）	國同盟（九月） 大政翼贊會成立（一〇月）
一九四二	昭和一七	實施陸軍特別志願兵制度（四・一） ＊是年日語普及率為六〇％	延安文藝座談會（五月）
一九四三	昭和一八	實施海軍特別志願兵制度（七・一） 蔡忠恕陰謀事件	日軍從瓜達爾納爾島撤退 史達林格勒的德軍投降（二月） 開羅宣言（一一・二七） 學生出征（一二月）
一九四四	昭和一九	實施徵兵制（九・二四） 蘇澳漁夫間諜事件 空襲猛烈	諾爾曼底登陸作戰（六月） 美軍登陸雷特島（一〇月）
一九四五	昭和二〇	林獻堂、許丙、簡朗山等人被日本天皇選為貴族院議員（四・四） 辜振甫等人參與籌劃獨立（八月下旬） 台灣省行政長官公署、台灣省警備總司令部前進指揮所在台北成立（一〇・五） 接收員從福建省來台（一三日） 第七〇師分乘美艦四〇艘抵達基隆（一七日） 林獻堂為海外台胞呼籲救濟（二三日） 行政長官陳儀抵台（二四日） 和日本總督安藤舉行受降典禮（二五日） 開始接收（一一月～翌年四月） 糧食不足，交通癱瘓，物價開始暴漲（一一月） 旅日台灣人開始回國（一二・五） 日本人開始遣返（一二・二五）	聯合國成立（四月） 德國投降（五月） 波次坦宣言（七・二六） 日本投降（八・一五） 佔領軍下令日本進行民主化（一〇～一二月） 蔣介石、毛澤東重慶會談（八月） 國共發生衝突（一〇月） 任命馬歇爾元帥為駐華特使（一一月）
一九四六	民國三五	貿易公司改為貿易局（二・六） 取締日本書刊（二・一二） 逮捕安藤總督等人（四・一三） 成立台灣省參議會（五・一） 朱昭陽等東大派創辦延平學	聯合國第一屆大會在倫敦舉行（一月） 國共在東北激戰（三月） 東京審判開庭（五月） 公佈日本

		院（五・一九） 選出參政員（八・一六） 林獻堂率致敬團飛往南京（八・二七） 劉文島調查團發表談話「勿對光復失望」（九・七） 設立中央政府徵糧督導團（一一・二七）	新憲法 國民黨強行召開國民大會（一一月） 通過新憲法（一二月）
一九四七	民國三六	台北市民在大稻埕和中國警察發生衝突（二・二七） 二二八大叛亂發生 成立處理委員會提出「三十二條要求」（三・七） 國民政府援軍登陸（九日） 開始屠殺（一〇日） 白崇禧來台宣撫（一七日） 陳儀被免職 行政長官公署改爲省政府由魏道明擔任主席（四・二二） 謝雪紅組織台灣民主自治同盟（一一月）	美國宣佈停止對國共調停 戰火擴及華北（一月） 盟軍總部下令日本官廳公共機關中止總罷工（二・一） 杜魯門主義（三月） 國民政府軍隊佔領延安（三・二〇） 中共軍隊宣佈總反攻（九・一二）
一九四八	民國三七	設立台灣省通志館（後來的文獻委員會）（六・一〇） 大中戶餘糧收購辦法（七・三〇） 廖文毅等台灣再解放聯盟從香港向聯合國控訴（九・一）	民主同盟等宣佈打倒國民政府（一月） 發行金圓券（八月） 中共指定蔣介石等四三名戰犯（一二月）
一九四九	民國三八	陳誠任省主席（一月） 蔣經國展開大規模逮捕 三七五減租條例（四月） 發行新台幣（六月） 蔣介石開設辦公廳（七月） 國民政府遷都台北（一二・七） 吳國楨擔任省主席（一五日）	蔣介石宣佈下野 李宗仁代理總統（一・二一） 美國發表中國白皮書（八月） 台盟投靠中共（九月） 中華人民共和國成立（一〇・一）
一九五〇	民國三九	蔣介石復職（三・一） 廖文毅在京都成立民主獨立黨 陳儀被槍斃（六・一八） 中共工作人員蔡孝乾被捕（一〇月） ＊全島鎮壓嚴酷	中蘇同盟（二・二四） 韓戰爆發（六・二五） 第七艦隊出動（六・二七） 美國宣佈台灣中立化（八・二八）
一九五一	民國四〇	美軍顧問團抵台（五月） 實施公地放領（六月） 蔣經國創設政工幹部學校（七月）	舊金山和約（九・八）
一九五二	民國四一	簽訂日華和約（四・二八） 蔣經國創設青年反共救	艾森豪解除台灣中立化（二月）

西元	民國	台灣	世界
		國團（一〇・三一）	
一九五三	民國四二	施行耕者有其田條例（一・二六） 李承晚訪台（一一・二八） 總統府秘書長王世杰被逐（一一月）	史達林死去（三・五） 韓戰停火（七・二八）
一九五四	民國四三	前省主席吳國楨在美國攻擊國民政府（二月） 蔣總統連選連任 旅美副總統李宗仁被罷免 陳誠取代（三・二五） 任命俞鴻鈞爲行政院長（五・二五） 高玉樹當選台北市長（六月） 國民政府在金門向中共挑釁（九月） 簽訂美華協防條約（一二・二）	聲明和平五原則（六・二八） 中南半島停火（七・二一） 中共揚言解放台灣（八・二三）
一九五五	民國四四	中共佔領一江山島（一・一八） 邱永漢獲得直木賞（一月） 撤離大陳島（二・六） 蔣介石駁斥「兩個中國論」（二・八） 孫立人被蔣經國軟禁（八・二〇） 蔣經國設立退除役官兵就業輔導委員會（一・一一）	周恩來聲明不准他國干涉台灣問題（一・二四） 英國外長艾登聲明台灣歸屬未定（二・四） 萬隆會議 中共改採和平攻勢（四）
一九五六	民國四五	台灣共和國臨時政府在東京成立 留美學生組織三F（一月） 林獻堂客死東京（九・八） 周恩來呼籲蔣介石就任中共高級官職（一一・二六）	開始批判史達林（二月） 中共開始百家爭鳴（五月） 匈牙利動亂 英法進攻蘇伊士運河（一〇月） 日本加入聯合國（一二月）
一九五七	民國四六	蔣介石否認和中共和談的說法（三・一） 中國難民襲擊美國大使館（五・二四） 台灣籍政治家有組織「台灣地方自治會」的動向（五月） 岸信介訪台（六・二） 雷震批判「反攻大陸」（八・一）	謝雪紅等人開始被整肅（九月～翌年二月） 蘇聯發射第一顆人造衛星（一〇月）
一九五八	民國四七	日台貿易中斷（三・一九～四・一〇） 副總統陳誠兼任行政院長（六・三〇） 金門炮戰（八・二三～一〇月） 美國表明防衛台灣的決心（九・一五） 蔣介石、杜勒斯聯合公報 保證放棄武力反攻（一〇	日中關係因長崎國旗事件而中斷（五・一〇） 成立人民公社（八月） 蘇聯由於台灣海峽緊張向美國警告（八・三一、九・七） 美

一九五九	民國四八	二三）　彭德懷宣佈停止偶數日炮擊（一〇・二五）　李萬居要求立法院半數議席（六・一二）　八七水災　公用事業各項收費大幅度漲價	中開始會談（九・一五）　西藏叛亂（三月）　香港左舜生「聯合政府論」（六月）　康隆報告（一一・一）
一九六〇	民國四九	「台灣青年」在東京創刊（四月）　蔣總統三度蟬聯　醞釀成立反對黨（五月）　八一水災　雷震被捕　唐榮鐵工廠瀕於倒閉的邊緣（九月）	徹斯特・鮑爾斯的「中台國」構想　李承晚下台（四月）　日本安保鬪爭激化（六月）　甘迺廸主張從金門、馬祖撤退（一〇・一二）
一九六一	民國五〇	胡適死去（二月）　李萬居的「公論報」被特務奪佔（三月）　召開陽明山會談（八月）　雲林縣議員蘇東啓以叛亂的罪名被捕（九月）　台灣人連續被大量逮捕　由於外蒙加入聯合國問題美華對立日深（六～一〇月）	美國和古巴斷交（一・四）　韓國成立軍事政府（五月）
一九六二	民國五一	國民政府展開大規模的「反攻大陸」宣傳活動（三～四月）　開征國防捐（五・一）　史明「台灣人四百年史」出版（七月）　美國駐台人員大調動（夏）　蔣介石重病說（秋）　國民政府派在東京日劇舉行的國慶大會出現催淚瓦斯（一〇・一〇）	美國發表一九四三年的中國白皮書（三・二〇）　「觀察家報」揭露「國共合作」密約（八・一一）
一九六三	民國五二	大掌櫃尹仲容死去（一・二四）　美國再度叮囑不得「反攻大陸」（五・二三）　廢除國防捐　削減美援（七・一）　九一一水災　蔣經國訪美（九月）　陳誠辭行政院長職（一二・四）	中蘇對立激化（夏）　越南發生政變（一一・一）　甘迺廸總統遇刺（一一・二二）
一九六四	民國五三	國民政府和法國斷交（二・一〇）　吉田茂特使訪台（二月底）　高玉樹當選台北市長（四月）　吉田書簡（五・三〇）　彭明敏等人被捕（九・二〇）　監察	亡命事件的周鴻慶同中國大陸日華關係惡化（一・九）　法國和中共建交（一・二七）　東京灣事件

		委員曹德宣極力主張「兩個中國」（一二・一七）	（九・一八） 中共第一次核子試爆（一〇・一六） 佐藤內閣成立（一一・九）
一九六五	民國五四	蔣經國出任國防部長（一・一三） 邀請省議員參觀軍隊（二月） 陳誠死於肝癌（三・五） 軍事法庭判決彭明敏有期徒刑八年（四・二） 日台間簽訂一億五千萬美元的借款（四・二六） 廖文毅投降國民政府（五・一四） 美國停止對國民政府經援（六・三一） 蔣介石發表聲明主張摧毀中共的核子設備（七・二四） 越南總理阮高琪訪台 聯合公報中暗示國民政府可能派兵（八・一八） 蔣經國訪美（九・二三） 彭明敏「特赦」（一一・三）	美國開始轟炸北越（二・七） 中共第二次核子試爆（五・一四） 簽訂日韓條約（六・二二） 阿爾及爾亞非外長會議延期（六・二六） 李宗仁從美國回歸中共（七・二〇） 陳毅表示歡迎蔣介石回國（九・二九） 印尼九三〇事件（九・三〇） 姚文元發表論文批判「海瑞罷官」 文化大革命急速展開（一一・一〇）
一九六六	民國五五	蔣介石四度蟬聯總統 嚴家淦當選副總統（三・二一） 美國參院聽證會中許多證人支持台灣獨立和民族自決的原則（三月） 魯斯克提出「沒有孤立的封鎖政策」（三・一六） 陳重光等四十名省議員要求改選「中央民意代表」（四月） 蔣介石向大陸呼籲打倒毛澤東（一〇・一〇）	亞太部長會議在漢城舉行（六・一六） 紅衛兵充斥街頭（八・二〇） 義大利提議成立中國代表權問題特別委員會（一一・一八） 公開批判劉少奇（一二・二五）
一九六七	民國五六	成立國家安全會議（二・一） 回國省親的兩名東京大學學生被捕（七月） 佐藤首相訪台（九・七） 蔣經國訪日（一一・二七）	中蘇關係惡化（二月） 中東一週戰爭（六月） 美華日韓四國在漢城會談（七・二）
一九六八	民國五七	台灣南部刮暴風 香蕉受極大損害（一・一四） 陳玉璽強制遣送回台（二・八） 柳文卿強制遣送回台（三・二七） 在台灣連續進行秘密逮捕（三～六	捷克掀起自由化運動（一・五） 美國情報艦布埃普羅號事件（一・二三） 美國宣佈停止轟炸北越

		國民政府大使抗議加拿大和中共接觸（五月） 台北市議員林水泉等人以叛亂的罪名被判死刑（八月） 蘇聯人維克特・路易斯訪台會見蔣經國（一〇月）	（三・三一） 越戰巴黎和談進入正式會談（五・一三） 參議員甘迺廸遇刺（六・五） 蘇軍入侵捷克（八・二一） 尼克森當選總統（一一・六）
一九六九	民國五八	蔣經國訪韓（三・二四） 國民黨十全大會（三～四月） 行政院部分改組 蔣經國升任副院長 省主席黃杰擔任國防部長（六・二五） 台灣少棒隊獲得世界冠軍（八・三一） 全美台灣獨立聯盟在聯合國示威（一一・三） 東京地方法院庭長杉本良吉判決：強制遣送柳文卿回台是違法行為（一一・一八） 第七艦隊證實改採隨時巡邏台灣海峽的方式（一二・二四）	中蘇在珍寶島發生武力衝突（三・二） 中共召開九全大會（四・一） 布里基涅夫提出亞洲集體保障構想（六月） 尼克森關島主義（七・二六） 胡志明死去（九・三） 中蘇會談（九・一一） 美國宣佈自越南撤兵（九・一六） 尼克森和佐藤會談（一一・二一）
一九七〇	民國五九	美國副總統阿格紐訪台（一・三） 台灣獨立聯盟成立（一・一五） 林景明「未被認識的台灣」出版（一・一五） 彭明敏逃出台灣（一月） 獨立聯盟同志黃文雄、鄭自才向正在訪美的蔣經國行刺（四・二四）	美中恢復會談（一・二〇） 西哈努克被逐（三・一八） 中共發射第一顆人造衛星（四・二五） 美國對高棉進行軍事干預（四・三〇）

人 名 索 引

8　劃

9　劃

10 劃

11 劃

12 劃

13 劃

14 劃

15 劃

16　劃

17　劃

18　劃

7　劃

8　劃

9　劃

10　劃

11　劃

12　劃

13　劃

14　劃

16　劃

17　劃

事 項 索 引

4　劃

5　劃

7　劃

8　劃

9　劃

10　劃

11 劃

12 劃

13 劃

國家圖書館出版品預行編目資料

台灣：苦悶的歷史／王育德著；黃國彥譯.
--初版. 台北市：前衛，1999［民88］
312面；15×21公分.--（王育德全集：1）
ISBN 957-801-203-9（精裝）

1.臺灣─歷史

673.22　　87015407

台灣・苦悶的歷史

著　者／王育德

譯　者／黃國彥

出版者　前衛出版社
地址：106台北市信義路二段34號6樓
電話：02-23560301 傳眞：02-23964553
郵撥：05625551 前衛出版社
E-mail：a4791@ms15.hinet.net
Internet：http://www.avanguard.com.tw

封面設計／曾堯生・設計執行／林彥宜

法律顧問／汪紹銘律師・林峰正律師

總代理　旭昇圖書公司
地址：台北縣中和市中山路二段352號2樓
電話：02-22451480 傳眞：02-22451479

贊助出版／①財團法人國家文化藝術基金會
②海內外王育德全集熱心助印戶

出版日期／2000年4月初版第一刷

 ISBN 957-801-203-9

定價／300元

【王育德全集】出版真言

王育德博士是世界語言學界所公認的台灣語學權威，也是無數台灣熱血青年的思想啟蒙者，他自1949年逃亡日本，迄1985年逝世為止，一直都是國府的頭號黑名單人物，不僅本身無法再回到他心愛的故鄉台灣，連他在日本出版的全部著書，在台灣也都屬「禁書」之列，台灣人大都無緣讀到。

王先生的著作涵蓋面很廣，除學術性的台灣話、福建話研究之外，也包含專論性的歷史學、政治、社會、文學評論，及創作性的小說、隨筆、劇本等，在各該領域都屬出類拔萃的佼佼者，尤其筆下常帶台灣意識和感情，素為日本學界及台灣人社會所敬重。

身為台語研究學者兼台獨運動理論大師，王先生的著述是台灣人學識的智慧結晶，也是台灣良知的總體表露，即使放之世界，亦能閃耀金字塔般的光芒。本社忝為專業台灣本土出版機構，企劃出版【王育德全集】是多年來的宏願和責任。由於王先生的著作全部都以日文寫成，本社特別成立編輯委員會加以匯整漢譯，共編為15卷。王先生有言，他寫書的最主要目的是要寫給台灣人閱讀，今【王育德全集】能完整地在他朝思暮想的台灣故鄉出刊發行，是公道，也是天理。

【王育德全集】編輯委員會